PAMELA GIANNINI

# L'ANTICA BASILICA DELLE SANTE RUFINA E SECONDA

## Discussione ed ipotesi sulla sua ubicazione

In copertina: Carta di E. della Volpaia del 1547



Stampato il 7 ottobre 2019

Codice ISBN 9781698029856

# INDICE

# Introduzione

In questo lavoro è stata condotta un'attività di studio e di ricerca scientifica, di carattere storico, archeologico e topografico, volta alla ricerca dell'ubicazione dell'antica Basilica dedicata alle Sante Rufina e Seconda, due sorelle morte martiri a Roma durante la persecuzione degli imperatori Valeriano e Gallieno.

La Basilica sorse, per volere di Papa Giulio I, nel IV secolo d.C. sul luogo del martirio delle due sorelle, nel suburbio a nord-ovest della città di Roma. Attorno alla Basilica sorsero numerose abitazioni che vennero a costituire il nucleo dell'Episcopio di *Silva Candida,* che meritò, a partire dal 501 d.C., il titolo di sede vescovile immediatamente soggetta alla Santa Sede, la seconda per importanza delle Diocesi Suburbicarie, dopo quella di Ostia.

Le scorrerie dei saraceni, che si avvicendarono nel corso degli anni, apportarono danni e distruzione al borgo che, come si evince dalle bolle papali, fu più volte restaurato e fortificato. A seguito della traslazione dei corpi delle Sante, che avvenne nel XII sec. d.C., questo luogo fu abbandonato e ne seguì l'inevitabile distruzione che portò alla perdita di ogni notizia della sede vescovile e della Basilica.

Nel corso della ricerca, dopo aver passato in rassegna le fonti martiriali, è stato condotto un accurato lavoro di raccolta e riflessione critica della documentazione storica, delle testimonianze letterarie sull'ubicazione della Basilica dal XVI secolo ad oggi, spesso poco chiare e divergenti tra loro, e della documentazione cartografica. Una riflessione è stata condotta anche sulla documentazione archeologica relativa allo scavo eseguito nel 1965 dalla Britisch School at Rome al km 8,500 della Via Boccea, che ha condotto, in un'area precedentemente occupata da una villa romana, al rinvenimento di strutture relative ad un'aula che è stata da loro identificata con i resti del santuario paleocristiano delle Sante Rufina e Seconda, identificazione messa in discussione da diversi studiosi per la presenza di evidenti criticità che sono state prese in esame nell'ambito di questa ricerca.

Allo studio critico delle fonti storiografiche, cartografiche, archeologiche è seguita una discussione sulle problematiche emerse e la formulazione di nuove ipotesi supportate da elementi, primariamente di carattere topografico, forniti dalla ricognizione diretta sul territorio, dai dati di archivio relativi a scavi archeologici degli ultimi anni, tra cui alcuni ancora inediti e dalle tracce archeologiche emerse dallo studio delle fotografie aeree conservate presso l'Aerofototeca di Stato.

# CAPITOLO PRIMO
## UBICAZIONE DELLA BASILICA

**1.**    **FONTI SUL MARTIRIO DELLE SANTE RUFINA E SECONDA**

Rufina e Seconda sono due sante vergini venerate dalla Chiesa come martiri e la loro storia è ricordata in diversi documenti antichi. Secondo la tradizione agiografica[1] furono due sorelle romane di nobile famiglia, figlie di Asterio e Aurelia e promesse spose di Armetario e Verrino, i quali nel 262 d.C., dopo aver abiurata la loro fede cristiana, sotto la persecuzione di Valeriano (253-260) e Gallieno (253-268), denunciarono alle autorità romane le due sorelle. Rufina e Seconda si videro costrette a fuggire da Roma e dirigersi in Toscana dove loro padre aveva dei possedimenti, ma, inseguite dal comite Agesilao, furono raggiunte e arrestate sulla via Flaminia, ricondotte in città e consegnate al prefetto Giuno Donato. Questi le chiuse in prigioni separate, poi fece condurre a sé Rufina cercando di convincerla a sacrificare agli dei in cambio della libertà, questa si rifiutò ed egli la condannò alla tortura. A questo supplizio volle far assistere Seconda convinto che, alla vista della sofferenza della sorella, vinta dal timore, avrebbe, almeno lei, sacrificato agli dei. Rufina fu spogliata e battuta con crudeltà dai ministri di Giuno. Vedendo ciò, Seconda gridò al prefetto di fare a lei lo stesso favore che stava facendo a sua sorella perché, per amore di Cristo, entrambe desideravano soffrire ogni sorta di tormenti e dissero che avrebbero preferito morire piuttosto che perdere la loro purezza verginale. Il prefetto ordinò allora che fossero richiuse in una prigione oscura e che vi fosse bruciato del letame all'interno perché morissero soffocate dal fumo, ma le sorelle rimasero miracolosamente in vita perché l'ambiente fu pervaso da un soavissimo profumo celeste ed una meravigliosa luce apparve loro consolandole e confortandole. Allora il prefetto ordinò che fossero scarcerate ed immerse in un vaso di olio bollente, ma ciò non recò loro alcun danno. Fu allora fatto legare loro al collo un grande masso e furono gettate nel fiume Tevere, ma esse camminarono miracolosamente sopra le acque bagnandosi appena mentre ad alta voce benedicevano Cristo e lo lodavano per la sua grandezza. Furono allora condotte fuori città in un possedimento chiamato *Buxo* e fu dato ordine che una delle sorelle fosse decapitata e l'altra uccisa a bastonate, e che i loro corpi fossero lasciati senza sepoltura.[2] Era proprietaria di questo fondo una nobile romana di nome Plautilla, alla quale le due sorelle martiri apparvero in sogno assise, vestite di ricchissimi abiti e coronate di gioielli di inestimabile valore. Invitarono la

---

[1] Cf GALLONIO Antonio, *Historia delle Sante Vergini Romane*, Roma, Ruffinelli 1591, 444-445.

[2] Il Surius nel suo racconto agiografico scrive invece che furono entrambe decapitate. Cf SURIO Lorenzo, *De probatis Sanctorum historiis ab Al. Lipomano olim conscriptis nunc primum a Láur. Surio emendatis et auctis,* Cologne, [s.e.] 1576, cap. IV.

matrona alla conversione e le dissero che a loro appartenevano i corpi che avrebbe rinvenuto nel suo podere, giacenti a terra senza vita; chiesero quindi a lei di dare degna sepoltura alle loro spoglie mortali. Plautilla destatasi dal sogno andò e rinvenne i corpi ancora incorrotti e senza lesione alcuna. Diede loro sepoltura, come le fu chiesto in sogno, fece costruire un sepolcro e si convertì al cristianesimo.

La più antica testimonianza relativa alla venerazione delle Sante Rufina e Seconda si ha nel Martirologio Geronimiano, redatto probabilmente nel V sec. d.C.; questo testo commemora il *dies natalis* di Rufina e Seconda in data 10 luglio e dice: *"Via Cornelia miliario VIIII Rufine, Secunde"*.[3] L'indicazione riappare in alcuni itinerari romani del VII secolo di cui il *De locis sanctis martyrum quae sunt foris civitatis Romae* che dice *"Iuxta eandem quoque viam[Corneliam] Sancta Rufina, Sancta Secunda, Sancta Maria, Sanctus Marius, Sanctus Ambacu, Sanctus Audafax et alii quam plurimi sancti iacent"*, e l'itinerario inserito nel *Gesta Regnum Anglorum* di Guglielmo Malmesbury che dice *"In eadem via [Cornelia] est altera ecclesia in qua requiescunt sanctae virgines Rufina et Secunda"*.[4] Un'altra testimonianza ci è fornita dal calendario marmoreo di Napoli nel quale si commemorano le Sante martiri in data 9 luglio: *"VIII PA S. RUFINAE ET SEC"*.[5] Il luogo del martirio è ricordato anche nei Libri *Anniversarium* del 1469 e nei Cataloghi del XV e XVI secolo.[6] Nella *Breve Passio,* risalente probabilmente al tempo di Papa Liberio (352-366 d.C.) si narra che le due Sante Martiri sono state martirizzate in una selva: *"In via Cornelia ad Urbe miliario X in fundo qui dictor Buxo"*.[7] La selva in cui trovarono il martirio Rufina e Seconda era in un primo tempo detta *Silva Nigra* per l'oscurità prodotta dalla folta vegetazione ricca di alberi di bosso. Questo luogo mutò poi il suo

---

[3] QUENTIN Henri - DELEHAYE Hippolyte (a cura di), *Martirologium Hieronymianum,* in A*cta Sanctorum, Novembris,* Bruxelles, [s.e.] 1931, I 362-364; II 89.

[4] VALENTINI Roberto - ZUCCHETTI Giuseppe, *Codice Topografico della città di Roma,* II, Roma, Tipografia dello Stato 1942, 106-107, 141-142.

[5] Fu rinvenuto nel 1742 nella chiesa di San Giovanni Maggiore. *Bibliotheca Hagiographica Latina antiquae et mediae aetatis,* II, Bruxelles, [s.e.] 1898-1901, 1067, n. 7359.

[6] Cf HULSËN Christian, *Le chiese di Roma nel medioevo,* Firenze, Leo S. Olschki 1927, 429, n. 1.

[7] *Bibliotheca Hagiographica Latina; Acta Sanctorum,* IULII, III, Parisiis et Romae 1747, 30-31; cf LANZONI Francesco, *Le diocesi d'Italia dalle origini al principio del secolo VII* (a. 604) = Studi e Testi 35, Faenza, Stabilimento Grafico F. Lega 1927, 506-509; KIRSCH Johann Peter, *Le memorie dei martiri sulle Vie Aurelia e Cornelia* = Studi e Testi 38, Faenza, Stabilimento Grafico F. Lega 1924, 64, 91-96; CIGNITTI B., *Rufina e Seconda, sante martiri di Roma,* in *Biblioteca Sanctorum,* XI, Roma, [s.e.] 1968, 460-463; AMORE Agostino, *I martiri di Roma,* Roma, Edizione Antonianum 1975, 285.

nome in *Silva Candida* in seguito al martirio dei santi che versarono in questo luogo il loro sangue.[8]

## 2. DOCUMENTAZIONE STORICA RELATIVA ALLA COSTRUZIONE DELLA BASILICA E ALLA NASCITA DELLA DIOCESI DI *SILVA CANDIDA*

Nel primo libro della narrazione della storia di Roma in forma annalistica, Tito Livio (59 a.C.-17 d.C.),[9] ricordò una zona sacra detta *Silva Mesia,* forse da identificarsi con questa località che nel periodo cristiano ospitò il culto martiriale, prendendo il nome di *Silva Candida.*[10]

In questa località, nel 336 d.C. Papa Giulio I (341-355) diede inizio ai lavori di costruzione della Basilica dedicata alle Sante Rufina e Seconda e Papa Damaso (366-384), nel 367 d.C., la portò a compimento; nei suoi atti vi è memoria in un documento che dice: *"Perfecit quoque basilicam sactarum Rufinae et Secundae quam Julius, Marci successor inceperat in territorio Silvae Candidae".*[11]

Attorno alla Basilica sorsero numerose abitazioni che vennero a costituire il nucleo del borgo di *Silva Candida,* che meritò, a partire dal 501 d.C., il titolo *Civitas episcopalis et cardinalitia,* ovvero di sede vescovile

---

[8] Cf CIGNITTI, *Rufina e Seconda* 460-463.

[9] *"Nec urbs tantum hoc rege crevit sed etiam ager finesque. Silva Maesia Veientibus adempta usque ad mare imperium prolatum et in ore Tiberis Ostia urbs condita, salinae circa facta".* TITO LIVIO, *Ab Urbe condita libri,* I, 33, Milano, BUR-Rizzoli 1982.

[10] Cf CASTRACANE Marco, *Periodo cristiano della via Cornelia,* in AA. VV. (a cura di), *Il suburbio di Roma tra le vie Aurelia e Cornelia,* Comune di Roma, XVIII Circoscrizione, Gruppo Archeologico Romano 1987, 87-96; MARCHI Maria Luisa, *Ricostruzione storico topografica dell'area,* in MARCHI Maria Luisa - CATALLI Fiorenzo (a cura di), *Suburbio di Roma. Una residenza produttiva lungo la via Cornelia,* Bari, Edipuglia 2008, 21; CAPPELLETTI Giuseppe, *Le chiese d'Italia dalla loro origine sino ai nostri giorni,* I, Venezia, Giuseppe Antonelli 1844, 508-514; ARMELLINI Mariano, *Gli antichi cimiteri Cristiani di Roma e d'Italia,* Roma, Tipografia Poliglotta della Sacra Congregazione de Propaganda Fide 1893, 616-617; ARMELLINI Mariano, *Le chiese di Roma dal secolo IV al XIX,* II, Roma, Edizioni R.O.R.E. di Nicola Ruffolo 1942, 1191-1192; CHIABÒ Maria, *Diocesi di Porto - S. Rufina,* in CHIABÒ Maria - RANIERI Concetta - ROBERTI Luciana (a cura di), *Le Diocesi Suburbicarie nelle "visitae ad limina" dell'Archivio Segreto Vaticano,* Città del Vaticano, Archivio Vaticano 1988, 95-156; LOMBARDI Ferruccio, *Roma, Le chiese scomparse. La memoria storica della città,* Roma, Palombi Editori 1996, 42.

[11] BOSIO Antonio, *Roma sotterranea,* Roma, Ludovico Grignani 1710, 158. Secondo P. Kirsch questa notizia non è verificabile attraverso il confronto con fonti autentiche. Cf KIRSCH, *Le memorie dei martiri* 95.

immediatamente soggetta alla Santa Sede,[12] infatti, in questa data, si trova per la prima volta menzionato il Vescovo *Adeodatus Silvae Candidae* che intervenne al Sinodo romano tenuto dal Pontefice Simmaco nell'anno 502.[13] A lui succedette nel 564 d.C. *Valentinus espiscopus Silvae Candidae* o *episcopus Santa Rufina et Secunda*.

L'istituzionalizzazione dell'Episcopato nel centro abitato, che sorse attorno a questo luogo di culto, fu verosimilmente motivato sia dalla sua localizzazione geografica, che permetteva di controllare la viabilità a lungo raggio verso nord, sia dalla centralità dell'ubicazione rispetto al suburbio di Roma, nella vasta area a nord-ovest della città, che permetteva il controllo amministrativo del territorio sulla sponda destra del Tevere, facendo fronte, inoltre, ai bisogni della popolazione prossima all'Urbe, a cui la vicina Basilica di S. Pietro non riusciva a sopperire.[14]

Il borgo, che sorse attorno alla Basilica, doveva necessariamente disporre di una casa vescovile, di uno xenodochio, ovvero di un ospizio che accoglieva gratuitamente forestieri e pellegrini in viaggio verso i luoghi di culto ai quali i monaci offrivano alloggio e cibo, strutture che dovevano essere dotate di portici in cui erano posti gli animali da soma o da diporto e dove i viandanti più poveri si fermavano a riposare, case e fattorie probabilmente dall'architettura semplice e rozza di cui più difficilmente si conserva traccia.[15]

La nascita della Diocesi di *Silva Candida* coincise con le ultime documentazioni attestate della vicina Diocesi di *Lorium*, situata sulla via Aurelia, di cui si menziona l'ultimo vescovo, *Petrus Lorensin Episcopus,* nel 487 d.C. Ciò ha lasciato presupporre uno spostamento, nell'ambito dello stesso territorio diocesano, della sede vescovile dall'insediamento del XII miglio della Via Aurelia, all'insediamento sorto attorno alla Basilica ubicata tra il IX e il X miglio

---

[12] Sulla Diocesi di *Silva Candida* cf DUCHESNE Louis, *Le sedi episcopali nell'antico ducato di Roma*, in *Archivio della Società romana di Storia Patria* 15(1892)III-IV, 484-485; GRISAR Hartmann, *I Vescovi di campagna nell'antichità cristiana*, in *La Civiltà Cattolica* 55(1904)IV, 203-218; KEHR Paul Fridolin, *Regesta pontificum romanorum, Italia Pontificia, Latium,* II, Berlino, Weidmannos 1907, 24-27; LANZONI, *Le diocesi d'Italia* 506-509; IEZZI Ernesto, *Studio storico e del monastero delle SS. Rufina e Seconda*, Roma, [s.e.] 1980, 39-42; MOTTA Rossella - UNGARO Lucrezia (a cura di), *Le Diocesi intorno a Roma: il caso di Silva Candida*. Atti del IV Congresso Nazionale di Archeologia Cristiana, Pesaro-Ancona, 19-23 settembre 1983, I, Firenze, La Nuova Italia Editrice 1986, 329-330.

[13] Cf UGHELLI Ferdinando, *Italia Sacra,* I, Venezia, Sebastianum Coleti 1717, 88-110; DUCHESNE, *Le sedi episcopali* 484.

[14] Cf MOTTA - UNGARO, *Le Diocesi intorno a Roma* 335-336.

[15] Cf CASTRACANE, *Periodo cristiano della via Cornelia* 91.

della Via Cornelia.[16] Infatti, essendo, il percorso della Via Aurelia interessato dalle invasioni, fu abbandonato, e la Via Cornelia, così come la Via Clodia, venne a costituire un collegamento alternativo tra Roma e la Tuscia: la via Cornelia,[17] in modo particolare, costituiva un collegamento viario più diretto tra l'*Ager Vaticanus* e il territorio fuori delle mura urbiche, posto a nord-ovest della città, in quanto costituiva un percorso intermedio, che si snodava tra la Via Cassia e la Via Aurelia, e collegato con il tratto della Via Clodia, ad ovest del lago di Bracciano.[18]

*Silva Candida* fu la seconda per importanza delle Diocesi Suburbicarie, dopo quella di Ostia,[19] con giurisdizione sopra il tratto di agro romano che, dal medesimo abitato, si estendeva alla riva destra del Tevere, nel tratto compreso tra Roma ed il territorio di Riano;[20] divenne poi anche episcopio cardinalizio con giurisdizione della Basilica di S. Pietro e della città Leonina, infatti negli atti degli antichi concili si ritrova spesso la denominazione di *"Episcopus Sylvae Candidae et Sanctae Rufinae"*.[21] Il Vescovo di *Silva Candida* poteva, in

---

[16] Cf DUCHESNE, *Le sedi episcopali* 484-485; MOTTA - UNGARO, *Le Diocesi intorno a Roma* 329.330; FIOCCHI NICOLAI Vincenzo, *I cimiteri Paleocristiani del Lazio,* I, Città del Vaticano, Pontificio Istituto di Archeologia Cristiana 1988, 58.

[17] Il tracciato della via Cornelia non è stato ancora definito, ma c'è un passo di Livio che parla di una via *quae Sublicio ponte ducit ad Ianiculum*, attraverso la quale sarebbero fuggite le vestali durante l'invasione gallica del 390 a.C. giungendo a Caere, ed è qui che, secondo le ipotesi, conduceva la Via Cornelia. Gli insediamenti, ubicati lungo il percorso, testimoniano che l'antico collegamento tra Roma e Caere esisteva già in età arcaica e l'utilizzo continuò sia in età imperiale che ancora in età medievale in funzione delle memorie dei martiri. La ricostruzione del percorso è ancora abbastanza incerta: sappiamo che la strada usciva dalla porta Cornelia, nella zona del Vaticano dove dal Ponte Elio si dipartiva una viabilità diretta ad ovest, verso la zona degli *horti*. Qui è probabile che la via Cornelia e la via Aurelia Nova avessero un tratto di circa 5 km, ad ovest del Tevere, in comune, fino alla Madonna del Riposo. La via Cornelia, quindi, doveva, verosimilmente, più o meno ricalcare la moderna via Boccea fino alla località dell'Acquafredda, per poi piegare il suo percorso verso ovest, in direzione della località di Montespaccato, lambire a sud la collina di Mazzalupo e risalire verso Casalotti dove tornava più o meno a ricalcare la moderna via Boccea, proseguendo per la tenuta di Tragliata. Cf MARCHI, *Ricostruzione storico topografica* 22-25; MOTTA - UNGARO, *Le Diocesi intorno a Roma* 331; LIBERATI Anna Maria, *L'antica Via Cornelia e il territorio*, in AA. VV. (a cura di), *Il Suburbio di Roma tra le Vie Aurelia e Cornelia,* Comune di Roma, XVIII Circoscrizione, Gruppo Archeologico Romano 1987, 38-39.

[18] Cf MOTTA - UNGARO, *Le Diocesi intorno a Roma* 331.

[19] Cf MORONI Gaetano, *Dizionario di erudizione storico-ecclesiastica*, LIV, Roma, Tipografia Emiliana 1852, 222.

[20] Cf COPPI Antonio, *Dissertazioni della Pontificia Accademia Romana di Archeologia,* VII, Roma, Tipografia della R. C. A. 1836, 391.

[21] Cf BOSIO, *Roma sotterranea* 159.

sostituzione del Vescovo di Ostia, consacrare il Papa nel giorno della sua incoronazione, era inoltre invitato alle incoronazioni degli imperatori e, in assenza del Pontefice, svolgeva tutte le cerimonie; anche la processione delle palme, le funzioni del Giovedì Santo, la consacrazione del Crisma e dei nuovi sacerdoti, appartenevano di diritto al Vescovo di *Silva Candida*. Egli godeva di speciali diritti di immunità, poteva liberamente celebrare all'altare papale e gli venivano presentate speciali offerte in varie circostanze dell'anno.[22]

Durante il periodo delle incursioni barbariche, questa parte dell'Agro Romano, più vicina a S. Pietro, era spesso vittima delle scorrerie dei barbari e i pontefici si adoperarono per risarcire i danni subiti dall'Episcopio di *Silva Candida*.[23] Anastasio Bibliotecario (810-878)[24] ci narra che Papa Adriano I (772-795), sul finire dell'VIII sec., risarcì e ampliò la Basilica delle Sante Rufina e Seconda nel borgo di *Silva Candida*;[25] nel *Liber Pontificalis* si legge: *"Immo et basilicam Sanctae Rufinae et Secundae, quae ponitur in episcopio Silvae Candidae, quae ab olitana vetustate marcuerat, una cum baptisterio summo studio renovavit"*.[26] Ad Adriano I si deve anche una nuova organizzazione produttiva del territorio, il *Liber Pontificalis* parla della creazione di due *domuscultae*[27] distinte, che portano entrambe il nome di Galeria: la *"Domusculta Galeria posita via Aurelia, miliario ad urbe Roma plus minus decimo, ad sancatam Rufinam"* e la *"Domusculta Galeria posita via Portense, miliario ab urbe Roma plus minus duodecimo"*.[28] La *domus Aurelia* doveva corrispondere ai terreni circostanti la Diocesi di *Silva Candida* nella quale, lo stesso pontefice, aveva operato il restauro della Basilica. Nonostante l'estensione complessiva della *domusculta* non risulti chiara, vista la citazione che il *Liber Pontificalis* fa della via Aurelia invece che della via Cornelia, il rapporto tra la *domusculta* e il

---

[22] Cf Silli Leopoldo, *La Via Cornelia,* I, in Id., *Le memorie cristiane della campagna romana*, Roma, Tipografia Editrice Moderna 1910, 41.

[23] Cf *ivi* 42.

[24] Cf Muratori Ludovico Antonio, *Rerum Italicarum Scriptore*, III, Mediolani ex Typographia Societatis Palatinae in Regia Curia 1723, 179-195.

[25] Cf Coppi, *Dissertazioni* 387.

[26] Duchesne Louis (a cura di), *Liber Pontificalis,* I, Parigi, Éditions E. De Boccard 1981, 486-523.

[27] Le *domuscultae* costituivano grandi estensioni di territorio parcellizzato che si impiantavano su proprietà in cui l'attività agricola era in decadimento, con funzione non solo di incremento demografico della campagna romana, ma anche di risposta alle esigenze annonarie, liturgiche, assistenziali e di difesa militare. Cf Ungaro Lucrezia, *Ricerche sulla topografia alto-medievale del territorio di Galeria*, in *Quaderni del centro di studio per l'archeologia etrusco-italica* 4(1980), 216.

[28] Duchesne (a cura di), *Liber Pontificalis* 502.

territorio diocesano sembra essere abbastanza evidente, lasciando presupporre la vicinanza della *domusculta* alla sede episcopale.[29]

Durante le scorrerie dei barbari, gli abitanti del litorale tirreno e delle campagne circostanti abbandonarono ogni cosa e si rifugiarono in città, e l'Agro, ormai incolto da parecchi anni, divenne malarico e deserto. Il *buxetum*, ovvero la selva di bossi che diede in nome al fondo, scomparve perché completamente distrutto dalle devastazioni di queste tribù.[30]Al fine di evitare sacrilegi e dispersioni i pontefici si videro costretti a compiere delle grandi traslazioni dei corpi dei Santi;[31] al 20 luglio 817 risale la più importante di queste traslazioni, avvenuta per volontà di Papa Pasquale I (817-824), e in questa occasione furono deposte, a S. Prassede, le reliquie di 2300 martiri. Non furono però rimossi i corpi delle Sante Rufina e Seconda, in quanto sebbene la città avesse perso la sua primitiva importanza, custodiva ancora il santuario e le reliquie.

Nell'anno 847 la Basilica e la città furono saccheggiate ed incendiate dai Saraceni[32] e Atanasio Bibliotecario[33] ci narra ancora che Papa Leone IV (847-855) restaurò la Basilica nell'anno 850[34] e dedicò, in *Silva Candida*, un'altra chiesa dedicata ai Santi Cosma e Damiano;[35] nel *Liber Pontificalis* si legge: "*Similiter fecit in ecclesia beatorum martyrum Cosme et Damiani quae in Silva Candida esse videtur*".[36]
Nell'anno 876 vi fu un secondo saccheggio da parte dei Saraceni, che provocò molti danni al santuario; Papa Sergio III (904-911), in un passaggio della sua bolla al Vescovo *Hildebrando* di *Silva Candida*, parla della "*Desolationem ecclesiae Sanctarum Rufine et Secunde, que appellatur Silva Candida, quam passa est a nephandissima Sarracenorum gente, sicut ruina ipsius loci*

---

[29] Cf DE FRANCESCO Daniela, *Le proprietà fondiarie nel Lazio. Secoli IV-VIII: storia e topografia*, Roma, Quasar 2004, 260-273; MOTTA - UNGARO, *Le Diocesi intorno a Roma* 332.

[30] Cf CASTRACANE, *Periodo cristiano della via Cornelia* 93.

[31] Cf LABBÉ Philip, COSSARTI Gabriel, *Sacrosancta Concilia*, IX, Societatis Typographicae Librorum Ecclesiasticorum iussu Regis constitutae 1671, lettere di Giovanni VIII n. XXX e XXXII.

[32] Cf *l. cit.*

[33] Cf MURATORI, *Rerum Italicarum Scriptore* 230-246.

[34] Cf NIBBY Antonio, *Analisi Storico-topografico-antiquaria della carta de' dintorni di Roma*, III, Roma, Tipografia delle Belle Arti 1849, 43.

[35] Cf KEHR, *Italia Pontificia* 24; SCHIAPPARELLI Luigi, *Le carte antiche dell'archivio capitolare di S. Pietro in Vaticano*, in *Archivio della Società romana di Storia Patria* 25(1902)II, 297.

[36] DUCHESNE (a cura di), *Liber Pontificalis* 113, 121.

*testatur";*[37] egli, nel 906, restaurò la Basilica e, come si ricava dalla sua bolla,[38] le fece dono di molti poderi, con la condizione che i sacerdoti e i chierici della cattedrale recitassero, per i loro benefattori e per i pontefici romani, cento volte ad alta voce *Kyrie eleison* ed altre cento *Christe eleison*, e applicassero per essi il sacrificio della Santa Messa tre volte a settimana.[39]

Nella conferma del 1037 sono menzionati i lavori di fortificazione della sede vescovile, eseguiti dal Vescovo di *Silva Candida* Pietro che, sotto Papa Giovanni XIX (1024-1032) e Papa Benedetto IX (1032-1045), ripopolò il centro abitato, assegnò sacerdoti per il culto e circondò la città di mura difensive e fossato, per mettere probabilmente in atto un tentativo di incastellamento. Si tratta dell'ultima indicazione topografica della Diocesi, insieme alla menzione dell'esistenza di tavole marmoree, con un elenco di possessi, affisse presso la porta della Basilica.[40]

La Basilica fu ancora per molto tempo officiata e Papa Vittore III (1086-1087), nel 1087, sostituì alle rendite locali una donazione straordinaria, come si legge in una bolla ripetuta e confermata da Papa Gregorio IX (1227-1241): *"Concedimus et confirmamus tibi, et per te, atque propter te in perpetuum Reverendae Ecclesiae Sanctarum Virginum, et Martirum Rufinae ac Secundae, quae nominatur Silva Candida, in fundo, qui vocatur Buxus, quicquid, auri, argenti, pallii, seu cerae vel quarumcunque rerum omnino iactatum, vel positum fuerit, vel oblatum in toto Altari maiori Sancti Petri, siue in eius venerabli Confessione"*,[41] con questa si concedevano, in perpetuo, alla Basilica di S. Rufina e Seconda, tutti gli oggetti di qualunque genere e valore che i fedeli avessero deposto come offerta sulla Confessione e sull'altare di San Pietro.[42]

Ma la città non risorse mai più, si legge infatti nei documenti del tempo: *"Vicus dictus casale Sanctae Rufinae, olim civitas"*, e, in seguito al progressivo abbandono da parte della popolazione dell'abitato e della campagna circostante, nel 1120 Papa Callisto II (1119-1124) operò una riforma sulle diocesi suburbicarie con cui unì la diocesi di S. Rufina a quella di Porto, con la nuova

---

[37] MARINI Gaetano, *I papiri diplomatici*, Roma, Stamperia della Sacra Congregazione de Propaganda Fide 1805, 32.

[38] Cf UGHELLI, *Italia Sacra* 88-110; MARINI, *I papiri diplomatici* 32-34.

[39] Cf PIAZZA Carlo Bartolomeo, *La gerarchia cardinalizia*, Roma, Stamparia del Bernabò 1703, 64.

[40] Cf MOTTA - UNGARO, *Le Diocesi intorno a Roma* 333; ZIMMERMANN Harald, *Papsturkunden 896-1046*, Vienna, Verlag der Österreichischen Akademie der Wissenschaften 1989, 1141.

[41] BOSIO, *Roma sotterranea* 158.

[42] Cf SILLI, *La via Cornelia* 45.

denominazione di Diocesi di Porto e S. Rufina, e le conservò il titolo cardinalizio.[43] Nel 1153 sotto il Vescovo Teodino o Teodevino, un cardinale romano di nome Conrado, monaco benedettino, uomo erudito di antichità cristiane e dedito alla conservazione delle sacre reliquie, operò, d'accordo con il Vescovo, delle ricerche nella Basilica di *Silva Candida*, in cui rinvenne intatti i corpi delle due Sante Martiri sotto l'altare maggiore, chiuse all'interno di una rozza custodia di piombo; è probabile, come afferma Silli che, in tempo di invasione, le reliquie fossero state tolte dalle preziose urne in cui erano venerate e seppellite e nascoste in quella semplice teca.[44] Quando il cardinal Conrado fu eletto Papa con il nome di Anastasio IV (1153-1154), fece trasportare i corpi delle Sante martiri all'interno di una cappella annessa al Battistero Lateranense, nell'antico ingresso detto Portico di S. Venanzio e precisamente nell'altare della cappella che il Papa stesso consacrò dedicandolo alle due Sante,[45] così come riferisce Giovanni diacono, scrittore di quel tempo, nel cui scritto si legge: "*Retro Basilicam Salvatoris quatuor funt Oratoria unum quod habet absidas duas: sub una est altare Sanctarum Virginum Rufinae et Secundae, sub quo recondita funt preciosa earumdem Virginum corpora, quae inuenta funt ab Anastasio Papa in felici memoria, antequam Apostolica dignitate sublimaretur, et post ipsarum inuentionem, fabricato altari ad onorem earumdem, propriis manibus consecravit ipsum altare, astantibus nobis omnibus, et praesentibus Canonicis Basilicae Salvatoris, et quamplurimis tam de Urbe, quam extra Ubem*".[46]*

La naturale conseguenza della traslazione dei corpi delle Sante fu il crescente abbandono e la distruzione inevitabile. Per le mutate condizioni, cominciarono anche a decadere i diritti e privilegi della Diocesi, e quando poi i Papi cominciarono ad abitare in Vaticano, cessò anche la giurisdizione sulla Basilica di San Pietro e sulla Città Leonina. A causa dello stato di abbandono e di distruzione, in nessun itinerario si fece più cenno alla Basilica e alla *civitas* di *Silva Candida*.[47]

---

[43] Cf AUVRAY Lucien, *Les registres de Grégoire IX*, II, Paris, Alberto Fontemoing Éditeur 1907, 587-598.

[44] Cf SILLI, *La via Cornelia* 47.

[45] Cf MASSIMI Andrea, *Le Sante Rufina e Seconda e la Basilica di Selva Candida*, in AA. VV. (a cura di), *Raccolta di scritti intorno alle Sante Rufina e Seconda e all'antica Basilica di Selva Candida*, Roma, Fratelli Palombi 1963, 13.

[46] DIACONO GIOVANNI, *Descriptio Lateranensis Ecclesiae*, in VALENTINI Roberto - ZUCCHETTI Giuseppe (a cura di), *Codice Topografico della città di Roma*, III, Roma, Tipografia dello Stato 1942, 319-320; BOSIO, *Roma sotterranea* 159.

[47] Cf SILLI, *La via Cornelia* 52.

**3.**     IPOTESI ATTUALI SULL'UBICAZIONE DELLA BASILICA

Sull'ubicazione della Basilica, dal XVI secolo ad oggi, sono state raccolte diverse testimonianze.

Antonio Bosio (1575- 1629), tra la fine del XVI e gli inizi del XVII secolo, affermava che nel luogo in cui sorgeva l'antica Basilica si ergeva, agli inizi del XVII secolo un Casale appartenente al S. Spirito, denominato Casale di S. Rufina.[48]

Carlo Bartolomeo Piazza (1632-1713), alla fine del XVII ed inizi del XVIII secolo, affermava che, delle vestigia della Basilica, nel luogo chiamato oggi Boccea, Casale di S. Pietro, non rimaneva altro che un piccolo avanzo laterale dell'antica tribuna e i resti delle fondamenta, che ne testimoniavano la magnificenza e la grandezza di un tempo, e, in quel residuo di tribuna, era ancora visibile la rappresentazione della scena del martirio delle due sante sorelle, delle quali Santa Seconda era rappresentata giacente morta a terra, mentre Santa Rufina, vicino alla sorella, aspettava il colpo del martirio; tutt'attorno erano visibili poche rovine di muri e molti frammenti di marmo, tronchi di statue, frammenti di colonne, basi e capitelli, stipiti di finestre, liminari di porte, cornicioni infranti e pietrame, sparsi tra i solchi dei campi. Scriveva il cardinal Piazza:

"Ove sono le porte di così ampia citta, fondate su le meraviglie sagre de miracoli delle sue gloriose Tutelari, e su     il concorso de Fedeli a venerare que' sagri pegni? Ove i palazzi, ove le case, ove le officine, ove gli edilizi di così nobile Colonia? Ove la magnificenza di così nobile Basilica? Ove la Confessione de sagri depositi, frequentata con sì gran     moltitudine di popolo? Ove le case canonicali per un buon     numero de' canonici, e sacerdoti, che in essa lodavano di continuo il Signore, e conservavano co'l culto divino, che vi risplendeva la venerazione alle Sante loro Vergini Protettrici, delle quali in quelle felici campagne ancora fumava il sangue loro glorioso, e felicitavano quel     fecondo terreno le ceneri loro venerabili? Ove i portici spaziosi, ne'     quali ne' giorni di maggiore concorso del popolo si     distribuivano a poveri copiose limosine? Ove le colonne sontuose di così nobile edilizio? Ove il palazzo vescovale, ove     il famoso spedale per i pellegrini, di cui fanno memoria vari scrittori ecclesiastici in diverse bolle de' privilegi di questa nobilissima Chiesa?".[49]

Nicola Maria Nicolai (1756-1833), agli inizi del XIX secolo, nelle sue note storico-antiquarie al catasto annonario delle tenute della campagna romana,

---

[48] Cf BOSIO, *Roma sotterranea* 158.

[49] PIAZZA, *La gerarchia cardinalizia* 62.

parlava della tenuta di Porcareccina, di pertinenza di S. E. il Principe Borghese;
essa era confinante con la via Boccea, le tenute di Mazzalupo, Paola, San Nicola,
Porcareccia e Santa Rufina per un'estensione totale di 383 rubbie. Parlando delle
lavorazioni del 1783, faceva riferimento in particolare al Quarto di Santa Rufina,
attraversato dalla Via Boccea, che era confinante con il Quarto di Lanciafave e
con le tenute di Paola e di Santa Rufina. Egli affermava che, nella cappella di
questa tenuta, esisteva la memoria della celebre chiesa di S. Rufina, antico
vescovato, della quale portava il nome anche la contigua tenuta di S. Rufina.
Parlando ancora di Porcareccina, sosteneva che questa tenuta era cinta di mura,
alla stregua di un castello, che però era quasi del tutto disabitato, ad eccezione del
cappellano e del ministro dell'Arciospedale di S. Spirito a cui questa tenuta
apparteneva, e di qualche contadino. Affermava, inoltre, che la presenza di
numerosi lapidi, che si trovano sulla porta del castello e nella campagna
circostante, lasciassero presupporre che questo luogo fosse un tempo sede di una
villa di qualche nobile famiglia romana, forse la famiglia dei Coriolani, in quanto
i vicini prati erano denominati i Prati di Coriolo.[50]

Antonio Coppi (1783-1870), agli inizi del XIX secolo, affermava che il
fondo in cui si trovava la Basilica conservava la denominazione di S. Rufina e
visitando questo luogo nel 1815 vide i resti di alcuni edifici, ma talmente in
rovina, che non gli fu possibile avanzare ipotesi sul quello che fu il loro utilizzo.
Un fondo detto di S. Rufina, spettante un tempo all'Ospedale di S. Spirito, fu
alienato nel 1527,[51] quando 7 casali di quello stabilimento furono venduti a
Domenico De' Massimi, per un prezzo di 27.600 scudi. Nel XIX secolo la tenuta,
che si estendeva per 76 rubbia, passò all'Ospedale Sancta Sanctorum e al
Monastero della Purificazione.[52]

Antonio Nibby (1792-1839), agli inizi del XIX secolo, affermava che in
questa tenuta di S. Rufina, delle dimensioni di 16 rubbia,[53] posta sulla via Boccea
ad 8 miglia da Roma e pertinente all'Ospedale Sancta Sanctorum, si trovava una
piccola chiesa rurale moderna dedicata alle Sante Rufina e Seconda, in ricordo
dell'antica sede vescovile dalla quale questo fondo trae il suo nome. Nibby
sottolineava che la distanza di 10 miglia da Roma, riportata nel Martirologio di
Adone, corrispondesse, all'incirca, alle 8 miglia moderne, calcolate a partire dal

---

[50] Cf NICOLAI Nicola Maria, *Memorie, leggi ed osservazioni sulle campagne e sull'annona di Roma*, Roma, Stamperia Pagliarini 1803, 62.

[51] Cf SAULNIER Pietro, *De Capite Sacri Ordinis Sancti Spiritus dissertatio*, Roma, Guillelmum Barbier Typographum Regium 1649, 130.

[52] Cf COPPI, *Dissertazioni* 392-393.

[53] Probabilmente è un errore di trascrizione in quanto il Catasto Alessandrino parla di 76 rubbia.

punto in cui la via Cornelia usciva da porta Cavalleggeri,[54] in quanto le restanti 2 miglia costituivano la distanza che intercorreva tra la suddetta porta e le antiche mura della città, ai piedi del Campidoglio.[55]

Henry Stevenson, alla fine del XIX secolo, affermava che tra il nono e il decimo miglio della via Cornelia si trovava il celebre monumento dedicato alle Sante martiri Rufina e Seconda, ma, nonostante le numerose indagini da lui condotte, sottolineò che non scoprì nessuna traccia che si riferisse al sepolcro delle due vergini.[56]

Giovanni Battista De Rossi (1822-1894), nel XIX secolo, affermava che il tratto compreso tra il km 9 della Via Boccea e il fosso di Galeria era controllato da due torri di guardia risalenti all'VII-IX secolo, in quanto il territorio era occupato da un villaggio di una certa estensione, incentrato nella Diocesi Suburbicaria di *Silva Candida*.[57] La prima torretta, come mostrava la carta del

---

[54] Cf SILLI, *La via Cornelia* 10.

[55] Cf NIBBY, *Analisi Storico-topografico-antiquaria* 42.

[56] Cf STEVENSON Henry, *Die Suburbicarischen Coemeterien Katakomben*, in KRAUS Franz Xavier (a cura di), *Real-Encyklopädie Christlichen Alterhümer*, Freiburg Im Breisgau, Herder'sche Verlagshandlung 1886, 128.

[57] Nell'VIII secolo, durante il periodo delle invasioni, per segnalare tempestivamente un pericolo, furono costruite torri semaforiche di guardia delle *domuscultae* che, dal litorale, si scaglionavano verso l'interno, sulle alture e sulle vie di interesse strategico, fino a raggiungere i centri più interni della campagna romana. Il segnale di pericolo era trasmesso da una piattaforma, posta alla loro sommità, tramite delle fiaccole accese di notte e del fumo di giorno. Queste torri erano molto semplici nella loro forma e si sviluppavano in senso verticale, erano prive di qualsiasi recinto esterno e culminavano con una terrazza superiore, utilizzata per l'avvistamento e per la trasmissione dei segnali, solitamente erano costruite sui ruderi di edifici romani e l'alzato dell'edificio era realizzato attraverso l'utilizzo di materiale di reimpiego. Spesso, per poter essere viste anche da notevole distanza, presentavano un tipico rivestimento a fasce alterne di selce (spesso ricavato da grossi basoli, ridotti in scaglie, che costituivano il selciato di antiche vie romane, in corrispondenza delle quali le torri sorgevano) o tufo e scaglie di marmo o travertino. Nel X secolo si ebbero le torri giurisdizionali le quali non avevano una funzione preminentemente militare, bensì fungevano da segno di confine di diocesi, feudi e possedimenti della Chiesa. Tra il X ed il XIV secolo, le vecchie torri semaforiche, create con il solo compito segnaletico, divennero strutture difensive e vennero inserite nelle roccaforti baronali. Queste torri di vedetta, soprattutto nelle aree pianeggianti, si munirono di mura di recinzione, feritoie e cammino di ronda. All'interno erano suddivise in più piani tramite l'impiego di travi lignee, mentre solo il primo e l'ultimo piano erano dotati di volte in muratura che servivano nel caso del primo piano ad isolare i piani superiori dagli eventuali nemici penetrati nella torre, mentre nel caso dell'ultimo piano a sorreggere la terrazza che serviva per le segnalazioni. Sempre a scopo difensivo, spesso il secondo piano era dotato di un'altra uscita, munita di una scala removibile o di un ponte levatoio che, superando le mura di cinta, consentiva agli assediati di avere una via di fuga. Dal XIV secolo in poi, le torri vennero progressivamente abbandonate, in seguito alla diffusione delle armi da fuoco che richiedevano sistemi difensivi ben diversi: si diffuse un particolare

1547 di Eufrosino della Volpaia, si trovava sul lato sinistro della via Cornelia all'altezza del km 8,800, accanto all'antichissima Chiesa di Santa Rufina, mentre, osservava De Rossi, l'attuale chiesetta moderna si trovava sul lato destro della Via Boccea; l'unico ricordo che si aveva di questa torre risale al 1472 quando Giovanni Battista Golini cedette all'Ospedale di Santo Spirito parte del Casale e della Torre di S. Rufina. La seconda torretta, distante circa 900 m dal km 9 della via Cornelia, occupava il posto dell'attuale Casale di Porcareccia;[58] nella carta del 1547 di Eufrosino della Volpaia era disegnata come un'alta torre addossata ad un casale, con indicato il nome di *Lancia fava*, ed allora apparteneva alla famiglia dei Massimi.[59]

Giuseppe Tomassetti (1848-1911), tra la fine del XIX l'inizio del XX secolo, affermava che la denominazione di S. Rufina si ritrovava in due tenute, un tempo appartenenti all'Ospedale Sancta Sanctorum e al Monastero della Purificazione: una di 340 ettari, appartenente ai principi Lancelotti, l'altra di 147 ettari, appartenente a Filippo Piancentini. Queste tenute, un tempo, costituivano un sol corpo. In un elenco di casali, risalente all'inizio del 1600, la tenuta di S. Rufina figurava come appartenente all'ospedale di S. Giovanni, e affittata al S. Spirito "pro indivisa"[60] con la compagnia della Nuntiata. In seguito al motuproprio di Pio VI, del 18 giugno 1796, con il quale si rendevano vendibili i fondi per far fronte alle pubbliche necessità, la tenuta di S. Rufina, che apparteneva per una parte all'arciconfraternita della SS. Annunziata e per un'altra all'arciospedale di Sancta Sanctorum, fu venduta ad Angelo Mazzetti in data 27 novembre 1796, il quale, già in data 3 ottobre, aveva acquistato, dall'ospedale di Santo Spirito, un prato dell'estensione di 5 rubbia, esistente nel circondario della suddetta tenuta di S. Rufina. Successivamente, Mazzetti acquistò anche la tenuta denominata dapprima Casal di Massimi e poi Quarto S. Rufina, che precedentemente apparteneva alla tenuta di Porcareccina, come proprietà della famiglia Borghese, e che comprendeva un territorio di 52 rubbia di terra coltivabile e 20 rubbia di terreno boschivo.[61]

---

tipo di casale-torre, realizzato per la difesa di limitate proprietà agricole. Cf LIBERATI, *L'antica Via Cornelia* 36-37.

[58] Il De Rossi, invece di Casale di Porcareccina che si trova al km 9 della via Boccea, scrive erroneamente Casale di Porcareccia che si trova al km 5,500 della Via Boccea, prima ancora di attraversare il Fosso Galeria.

[59] Cf DE ROSSI Giovanni Battista, *Torri Medievali della Campagna Romana*, Roma, Newton Compton Editori 1981, 170-171.

[60] Cf TOMASSETTI Giuseppe, *La campagna romana. Antica, medievale e moderna*, II, Roma, Banco di Roma 1975, 594.

[61] Cf *l. cit.*

Thomas Ashby (1874-1931), tra la fine del XIX l'inizio del XX secolo, affermava che la sede vescovile di *Silva Candida* era nella chiesa delle Sante Rufina e Seconda che si credeva fondata da Papa Giulio I, nel fondo di Boccea, all'ottavo miglio da Roma. Secondo Ashby, la chiesa rimase sempre al posto antico di origine, sul lato sinistro della strada, dove la poneva ancora il Catasto Alessandrino;[62] egli affermava ancora che, al suo tempo, sul lato sinistro della strada non ne rimanevano che poche tracce insignificanti, tra cui pochi mattoni sparsi sul terreno, e che la chiesa era stata sostituita da una cappella moderna, sul lato opposto della strada, incorporata nel casale che, insieme agli altri edifici vicini, era indicato sulla carta I.G.M.[63] con il toponimo "I Casaletti".[64] Ashby ricordava inoltre che, tra le memorie più recenti, il 26 ottobre del 1472 Giovanni Battista Golini vendette all'Ospedale di Santo Spirito la metà del Casale e della Torre di S. Rufina, poi nel 1527 l'Ospedale vendette la tenuta e il 22 dicembre del 1539 Faustina Zancolini lasciò la metà del Casale alle Compagnie del Salvatore e dell'Annunziata (l'altra metà del Casale apparteneva ai Massimi); al tempo del Nibby la tenuta fu ancora dell'ospedale Lateranense.[65]

Leopoldo Silli, agli inizi del 1900, affermava che la denominazione di Santa Rufina si era conservata, nel corso del tempo, in questa località nel toponimo di Casali di S. Rufina, appartenuti ai principi Lancelotti e affermava, inoltre, che in questi casali si trovava una piccola cappella moderna, dedicata alle Sante martiri. Nonostante ciò, egli sosteneva però, di aver identificato l'antica Basilica sulla cima del colle che divideva il fosso di San Nicola da quello di Galeria, dove si trovava il Casale di Porcareccina, fabbricato su ruderi antichi; qui, in un ambiente a volta, che egli attribuiva alla costruzione damasiana, e nel quale si trovava una modesta cappella dedicata alla Santa Famiglia, ipotizzò l'ubicazione dell'antica Basilica.[66] Silli sosteneva che la Basilica fosse ad una sola navata, e che avesse l'ingresso sul lato opposto rispetto all'attuale cappellina, sosteneva inoltre che la Basilica era ubicata al piano superiore rispetto all'attuale cappellina, in quanto la tipologia di costruzione e lo spessore dei muri lasciavano

---

[62] Cf Catasto Alessandrino (1660-1661), carta 433/58 Pianta di Porcareccina, in http://www.cflr.beniculturali.it/Alessandrino/alessandrino.php?lar=1093&alt=614 (25-08-2018).

[63] Cf Istituto Geografico Militare, f. 149, I, N.E., Monte Mario.

[64] La tavola IGM in realtà riporta il toponimo di Casale di S Rufina, mentre i Casaletti sono più avanti lungo la via Boccea al civico 1115, dove nel 1950 Giovanni Remedia ha edificato una chiesetta moderna dedicata a S. Rufina, all'interno della sua tenuta, in segno di fede e devozione.

[65] Cf ASHBY Thomas, *La Campagna Romana al tempo di Paolo III,* Roma, Danesi Editore 1914, 63, 100.

[66] Cf SILLI, *La via Cornelia* 38-39.

ricondurre, questo ambiente inferiore, ai sotterranei della Basilica, che comunicavano con alcune gallerie sotterranee del cimitero ivi esistente. Queste gallerie, di cui quattro parallele ed una trasversale, furono, in epoca successiva, prolungate ed ampliate per essere adibite ad uso campestre; una di queste gallerie presentava una cripta circolare con tracce di loculi, ma la frana della volta ne aveva ostruito il passaggio. Silli avvalorava, inoltre, la sua ipotesi per il rinvenimento di residui di lastricato, che egli interpretava come appartenenti all'antica Via Cornelia, il cui tracciato, secondo lui, passava molto più a nord-est dell'attuale Via Boccea. Affermava, inoltre, che, in questa località e sui colli circostanti, durante i lavori campestri, venivano alla luce numerosi materiali archeologici tra cui resti di murature, pavimentazioni e condutture.[67]

## 4.  DOCUMENTAZIONE ARCHEOLOGICA

Nel 1965, al km 8,500 della Via Boccea,[68] nel cui percorso alcuni studiosi riconoscono il tracciato dell'antica via Cornelia, la Britisch School at Rome e il Pontificio Istituto di Archeologia Cristiana, dopo aver eseguito una ricognizione diretta sul terreno, intrapresero uno scavo esplorativo che condusse al rinvenimento, in un'area precedentemente occupata da una villa romana, di strutture relative ad un aula che fu identificata dagli studiosi inglesi con i resti del santuario paleocristiano delle Sante Rufina e Seconda.[69]

---

[67] Cf *l. cit.*

[68] Cf Istituto Geografico Militare, f. 149, I, N.E., Monte Mario.

[69] Cf TESTINI Pasquale, *Le catacombe e gli antichi cimiteri cristiani in Roma*, Bologna, Cappelli Editore 1966, 105; FIOCCHI NICOLAI, *I cimiteri Paleocristiani* 60-61; CHRISTIE Neil, *Three South Etrurian Churches: Santa Cornelia, Santa Rufina and San Liberato*, London, British School at Rome 1991, 211-312; MASTRORILLI Daria, *Sante Rufina e Seconda*, in BOESCH GAJANO Sofia et alii (a cura di), *Santuari d'Italia. Roma*, Roma, De Luca Editori d'Arte 2012, 443-444.

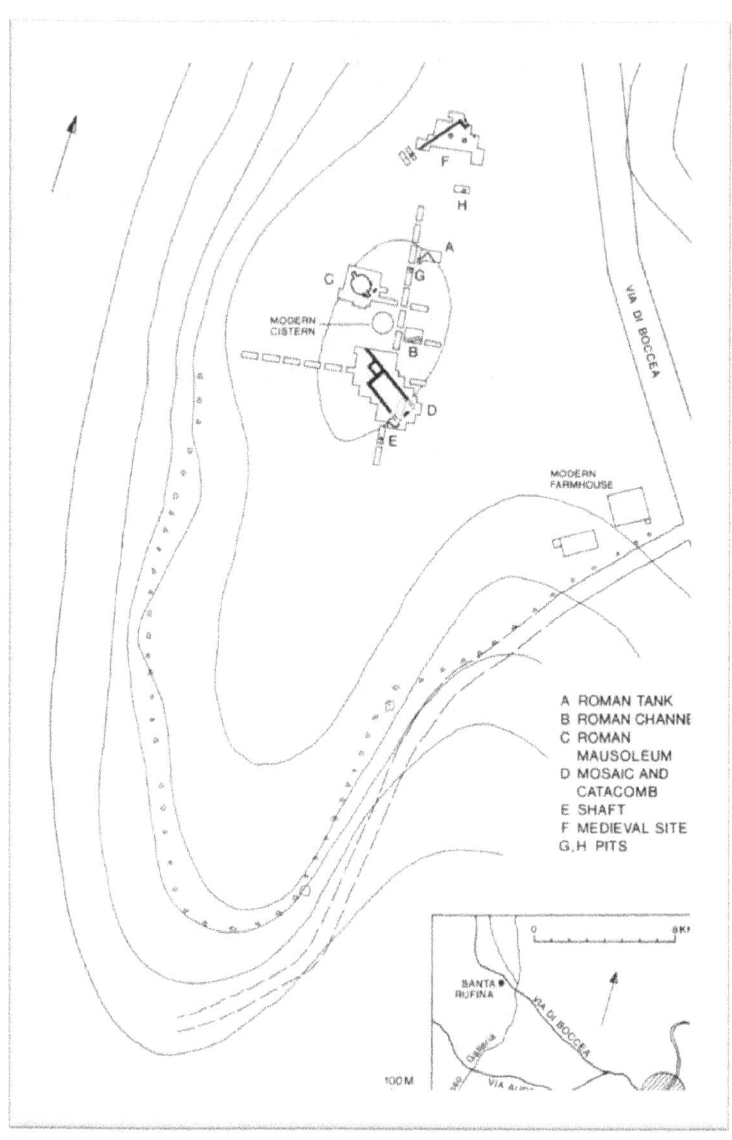


*Fig. 1. Pianta generale dello scavo*[70]

Dalle indagini emersero strutture sia di epoca romana che di epoca medievale. Fu messa in luce una villa romana con funzione residenziale e agricola, frequentata dall'età repubblicana alla tarda età imperiale, con annesso un

---

[70] CHRISTIE, *Three South Etrurian Churches* 225.

mausoleo probabilmente pertinente ai proprietari della villa, una cisterna, resti di strutture murarie medievali ed un ambiente rettangolare con pavimento a mosaico geometrico,[71] delle dimensioni di 13x5,90 m, che testimoniava l'esistenza di un edificio di una certa importanza, in cui i britannici vollero riconoscere la Basilica delle Sante Rufina e Seconda.

---

[71] Il mosaico si trova oggi conservato presso il Museo dell'Alto Medioevo. Cf ARENA TADDEI Maria Stella, *Il Museo dell'Alto Medioevo. Breve guida alle Collezioni,* Roma, Tipografia Centenari 1981, 3.

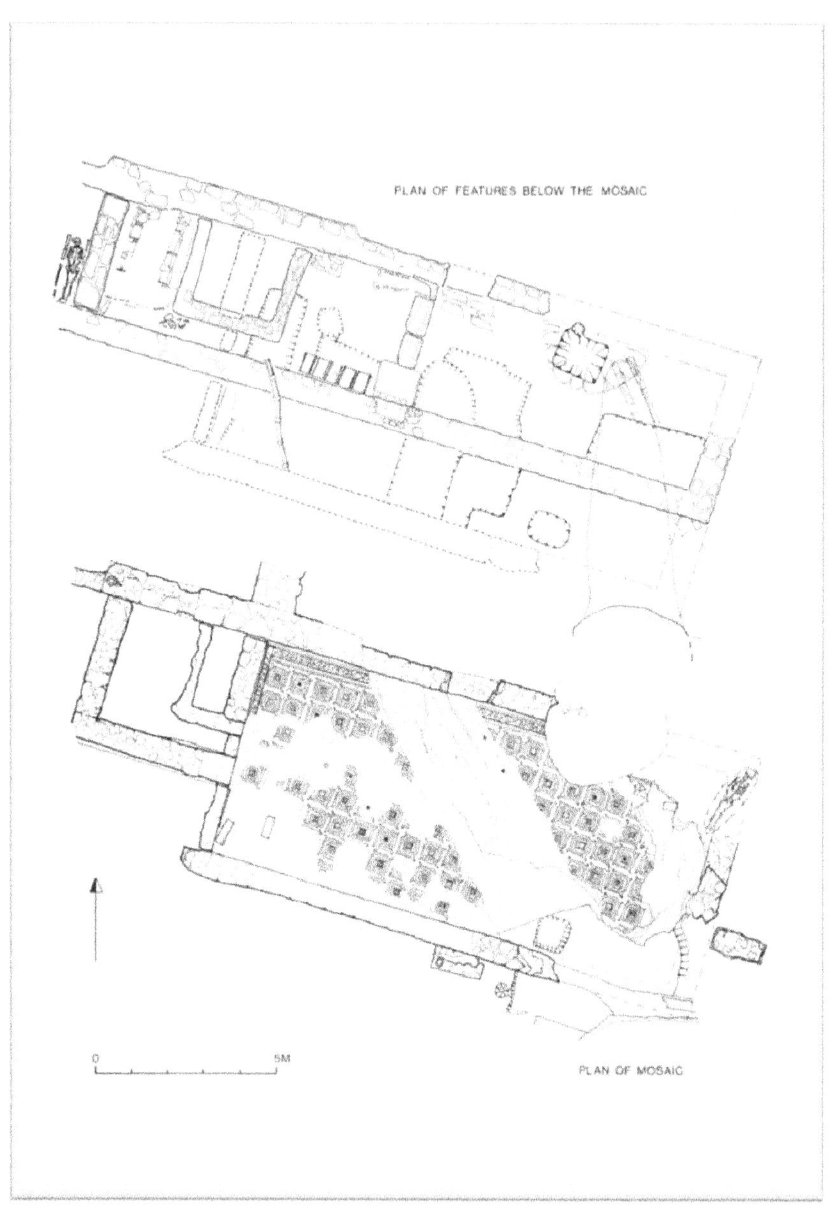


*Fig. 2. Area D: ambiente musivo (sotto), evidenze archeologiche di epoca precedente (sopra)*[72]

---

[72] CHRISTIE, *Three South Etrurian Churches* 242.

*Fig. 3. Particolare del mosaico*[73]

Questo edificio si impiantò sopra i resti di un'area cimiteriale subdiale con tombe a cappuccina, ed era probabilmente connesso con altri resti murari di epoca medievale, individuati nella porzione più settentrionale della collina.[74] Sulla base dello studio dei materiali ceramici, numismatici ed epigrafici e dello studio dello stile del mosaico fu proposta una datazione all'VIII-IX secolo d.C.

---

[73] *Ivi* 244.

[74] Cf FIOCCHI NICOLAI, *I cimiteri Paleocristiani* 57-64.

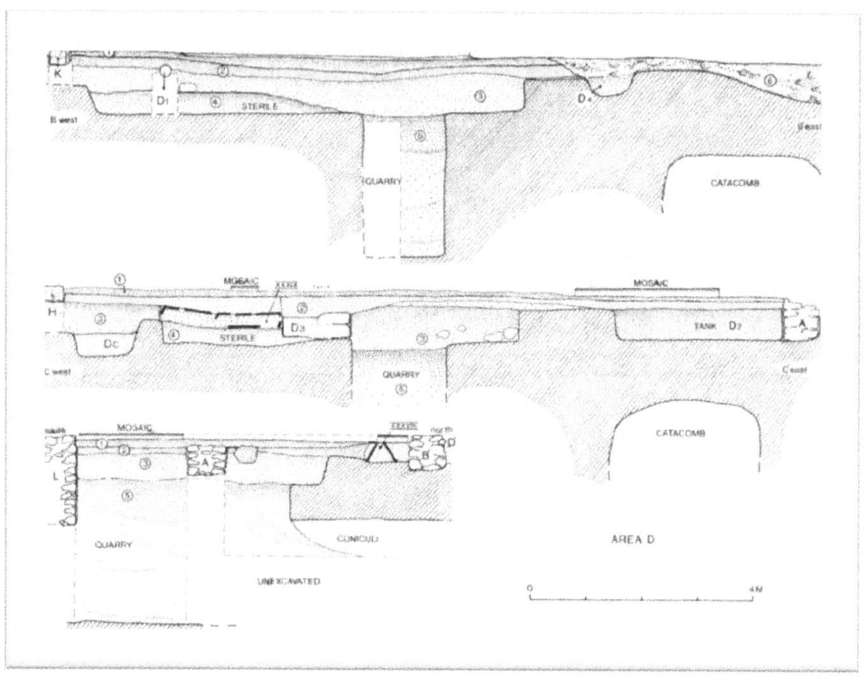

*Fig. 4. Area D: sezioni*[75]

A seguito di una frana che si aprì all'esterno dell'edificio, in corrispondenza dell'angolo sud, fu rinvenuto il breve tratto della galleria di una catacomba scavata nel banco di tufo, con andamento nord-sud, lunga circa 6 m, larga 2 m ed alta 2,50 m. Questa galleria era attraversata, in corrispondenza della frana, da un secondo ambulacro ad essa ortogonale di cui fu possibile scorgere solo la volta. All'interno della galleria vi erano due pile di loculi sovrapposti, per un totale di otto deposizioni chiuse con tegole e calce, mentre solamente una si differenziava dalle altre, perché ricavata in una nicchia, essa consisteva in una sorta di cassa di cui due lati erano ricavati nel tufo mentre gli altri due erano formati uno da laterizi intonacati e l'altro da un coperchio in tegole sul qual erano poggiate due lucerne; davanti alla tomba era presente inoltre una mensola che correva per tutta la sua lunghezza e sulla quale sono state rinvenute appoggiate altre tre lucerne. La tipologia di queste lucerne permise di datare la catacomba al IV-V secolo d.C.[76]

---

[75] CHRISTIE, *Three South Etrurian Churches* 245.

[76] Cf FIOCCHI NICOLAI, *I cimiteri Paleocristiani* 57-64.

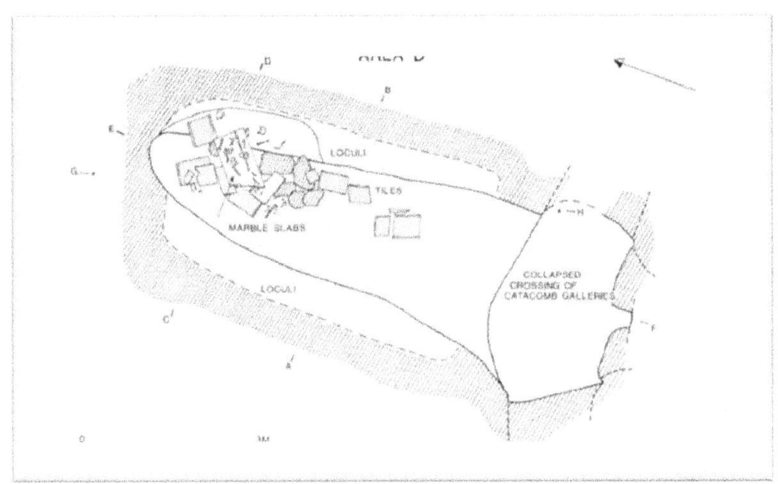

*Fig. 5. Area D: planimetria delle catacombe*[77]

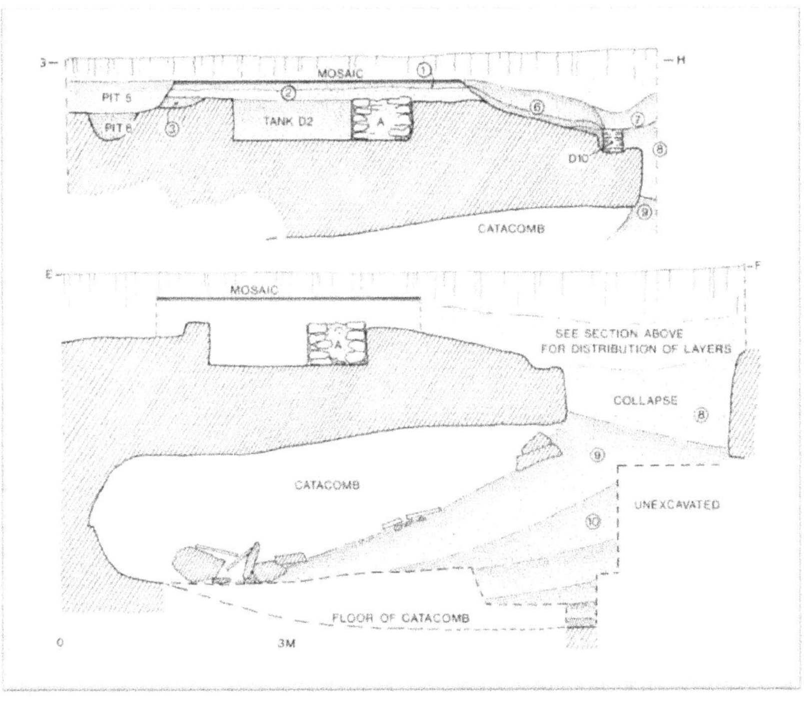

*Fig. 6. Area D: sezione delle catacombe*[78]

---

[77] CHRISTIE, *Three South Etrurian Churches* 233.

Lorenzo Quilici, negli anni '60 del secolo scorso, nella sua ricerca attuata nell'ambito del territorio romano, individuò con il numero di scheda 326 il sito di S. Rufina affermando che si presentava, allo stato attuale, con il suo casale fortificato di formazione altomedievale, che vantava al IV secolo l'origine della sua chiesa.[79] Aggiunse che il luogo, già occupato in età antica, aveva recentemente restituito, nel 1957, un ricco gruppo di statue, ambienti a mosaico e catacombe.[80] Infatti la presenza della catacomba e del mosaico, messi in luce nello scavo condotto dalla Britisch School at Rome, era già stata segnalata nel 1918 e nel 1958 durante occasionali lavori agricoli ed edilizi, come attestato da alcuni documenti conservati presso l'Archivio Centrale di Stato.[81]

## 5.  DOCUMENTAZIONE CARTOGRAFICA

Dall'analisi della cartografia storica sono emersi importanti elementi.

---

[78] *L. cit.*

[79] Cf QUILICI Lorenzo, *Inventario e localizzazione dei beni culturali e archeologici nel territorio del Comune di Roma,* in *Urbanistica 54-55(*1969), schede n. 326 e 2238.

[80] Cf anche STANCO Enrico - GAZZETTI Gianfranco, *Contributi per una carta archeologica circoscrizionale,* in AA. VV. (a cura di), *Il Suburbio di Roma tra le Vie Aurelia e Cornelia,* Comune di Roma, XVIII Circoscrizione, Gruppo Archeologico Romano 1987, 15-34, gli autori riprendono nelle loro schede, al numero 44, la definizione di Lorenzo Quilici.

[81] Cf FIOCCHI NICOLAI, *I cimiteri Paleocristiani* 62; Archivio Centrale dello Stato, Ministero della Pubblica Istruzione, Dir. Gen. AA. BB. AA., Divisione I, 1908-1924, busta 955; Divisione II, 1952-1960, busta 69.

*Fig. 7. Carta di E. della Volpaia del 1547*[82]

Nel 1547 Eufrosino della Volpaia, nella sua carta topografica della campagna romana,[83] disegnò la Basilica, ancora visibile, con accanto una torre di guardia,[84] a sinistra della via Cornelia venendo da Roma, poco dopo il passaggio del fosso Galeria, sulla sommità di una collina.[85]

---

[82] DELLA VOLPAIA Eufrosino, f. 5 zona della Trasteverina e Roma (1547), in FRUTAZ Piero Amato (a cura di), *Le carte del Lazio*, II, Roma, Istituto di Studi Romani 1972, XIII Ie, tav. 29 Frutaz, XIII Ie, tav. 29.

[83] Cf FRUTAZ, XIII Ie, tav. 29.

[84] Cf DE ROSSI, *Torri Medievali* 170-171.

[85] Cf FIOCCHI NICOLAI, *I cimiteri Paleocristiani* 59.

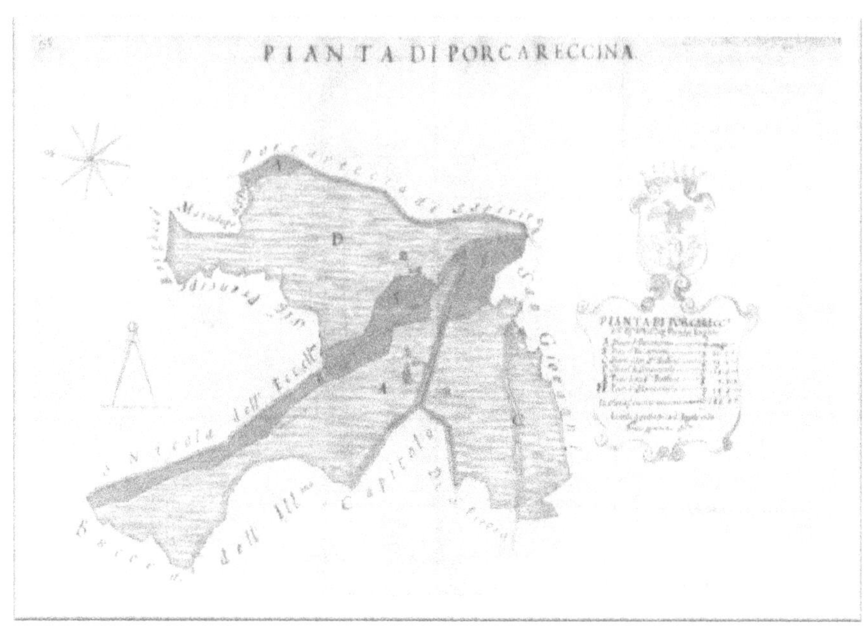



*Fig. 8. Catasto Alessandrino (1660-1661): carta 433/58 Pianta di Porcareccina*[86]

Nel 1660 il Catasto Alessandrino raffigurava, al foglio n. 433_58,[87] la tenuta di Porcareccina, di pertinenza del Principe Borghese, confinante con la via Boccea, le tenute di Mazzalupo, Paola, San Nicola, Porcareccia e Santa Rufina, per un estensione totale di 383 rubbie. Alla lettera C del Catasto corrisponde la denominazione di Monti di Santa Rufina di 79,2 rubbie di estensione, l'area è attraversa dalla via Cornelia e sul lato sinistro della strada, venendo da Roma, è raffigurato un edificio a pianta rettangolare, sormontato da una croce, che corrisponde al casale di Santa Rufina.

---

[86] *L. cit.*

[87] Cf Catasto Alessandrino (1660-1661), carta 433/58 Pianta di Porcareccina, in http://www.cflr.beniculturali.it/Alessandrino/alessandrino.php?lar=1093&alt=614 (25-08-2018).

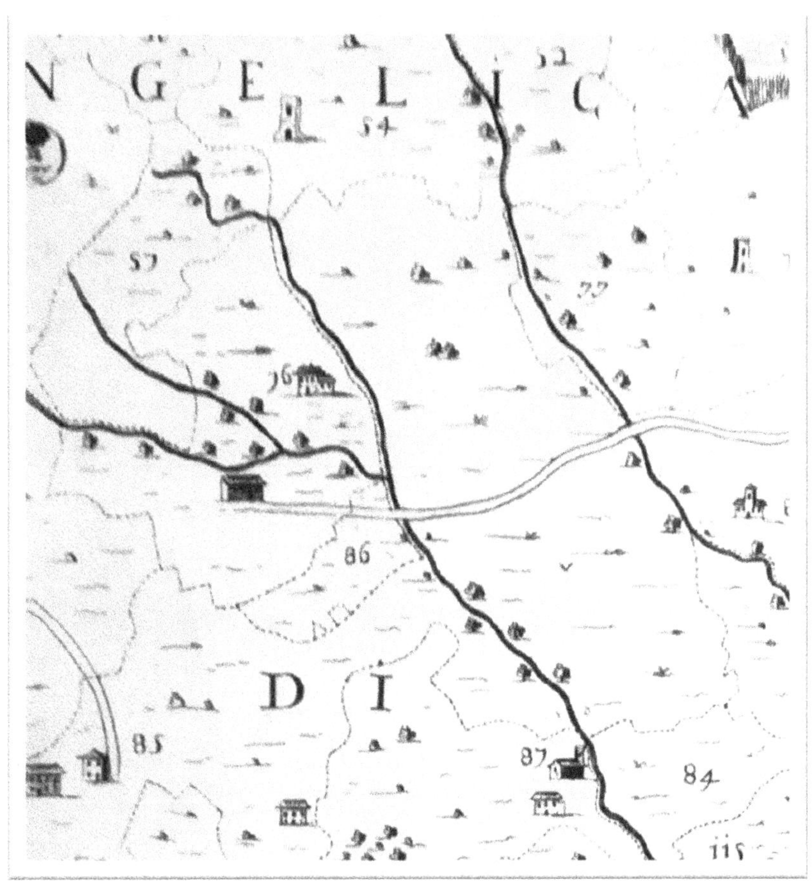


*Fig. 9. Carta di G. B. Cingolani del 1692*[88]

Nel 1692 G. B. Cingolani, tra le tenute e i casali esistenti fuori di Porta Cavalleggieri, raffigurò nella sua carta,[89] al numero 76, la tenuta di Porcareccina del Signor Principe Borghese, delle dimensioni di 383 rubbie. Sulla carta è rappresentato il tracciato della via Cornelia, a sinistra del quale, venendo da Roma, poco dopo il passaggio del fosso Galeria è visibile un edificio a pianta rettangolare, analogo a quello raffigurato nel Catasto Alessandrino, che corrisponde al casale di Santa Rufina.

---

[88] *L. cit.*

[89] Cf. CINGOLANI Giovanni Battista, foglio 5 (1692), in FRUTAZ Piero Amato (a cura di), *Le carte del Lazio*, II, Roma, Istituto di Studi Romani 1972, XXXII Ie, tav. 164.

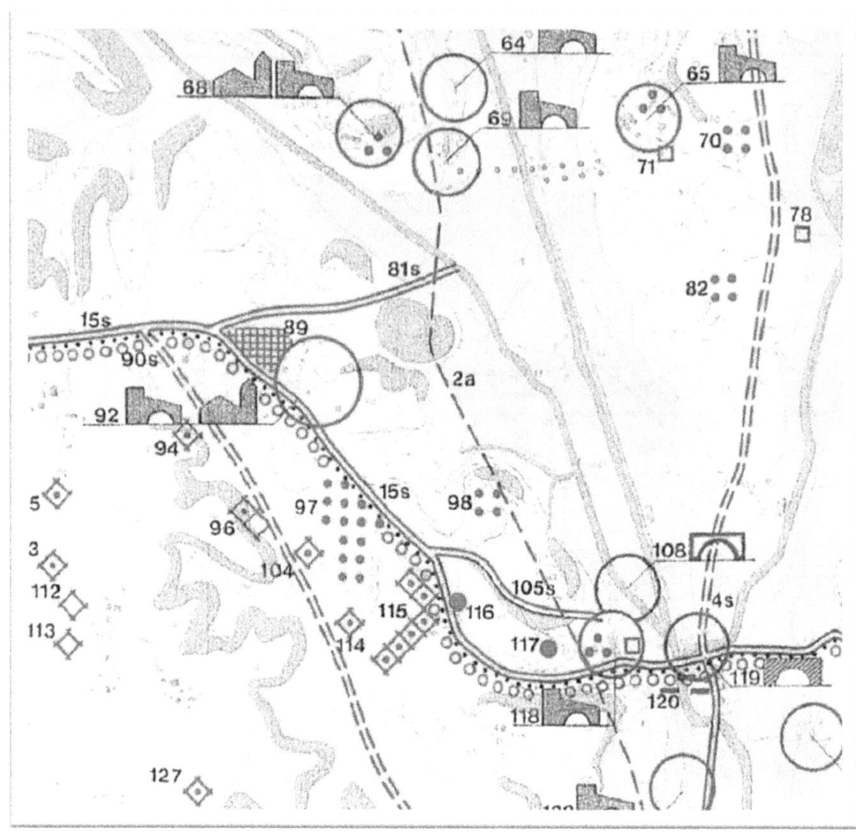


*Fig. 10. Carta dell'Agro del Comune di Roma f. 13N*[90]

La Carta dell'Agro del Comune di Roma, al foglio 13N,[91] indica con il n. 92 il casale e la chiesa di Santa Rufina, collocati sul lato destro dell'attuale via Boccea, venendo da Roma; al n. 89 indica, subito a nord ovest di questi, sul medesimo pianoro, la presenza di catacombe ubicate sempre sul lato destro dell'attuale via Boccea, venendo da Roma, e al n. 15s l'antico tracciato della via Cornelia, qui fedelmente ricalcato, secondo questa carta, dall'attuale via Boccea.

---

[90] *L. cit.*

[91] AA. VV., *Carta storica archeologica monumentale e paesistica del suburbio dell'agro romano*, Comune di Roma, Ripartizione 10, Antichità e Belle Arti 1988, f. 13N.

# CAPITOLO SECONDO
# DISCUSSIONE DEI PROBLEMI
# E NUOVE IPOTESI

**1.** **VICISSITUDINI STORICHE DEL CASALE E DELLA TORRE DI S. RUFINA, SUCCESSIVE ALL'UNIFICAZIONE DELLE DIOCESI DI *SILVA CANDIDA* E PORTO**

Le notizie storiche fin qui riportate, successive all'unificazione della diocesi di *Silva Candida* con quella di Porto, avvenuta nel 1120, ci permettono di fare il punto della situazione.

Nel 1492 Giovanni Battista Golini cedette all'Ospedale di Santo Spirito parte del Casale e della Torre di S. Rufina. Nel 1527 il fondo detto di S. Rufina, spettante un tempo all'Ospedale di S. Spirito, fu alienato quando 7 casali di quello stabilimento furono venduti a Domenico De' Massimi per un prezzo di 27.600 scudi. Nel 1660 il Quarto di Santa Rufina, dell'estensione di 76 rubbia, come indicato nel Catasto Alessandrino, apparteneva alla tenuta di Porcareccina ed era di pertinenza del Principe Borghese. In seguito al motuproprio di Pio VI del 18 giugno 1796, con il quale si rendevano vendibili i fondi per far fronte alle pubbliche necessità, Mazzetti acquistò la tenuta denominata dapprima Casal di Massimi e poi Quarto S. Rufina, che precedentemente apparteneva alla tenuta di Porcareccina come proprietà della famiglia Borghese, e che comprendeva un territorio di 52 rubbia di terra coltivabile e 20 rubbia di terreno boschivo, per un totale di 72 rubbia. Nel XIX secolo la tenuta, che si estendeva per 76 rubbia, passò all'Ospedale Sancta Sanctorum e al Monastero della Purificazione. Tra la fine del XIX e gli inizi del XX secolo, una delle due tenute denominate di S. Rufina, delle dimensioni di 340 ettari, un tempo appartenuta all'Ospedale Sancta Sanctorum e al Monastero della Purificazione, apparteneva ai principi Lancelotti. Il territorio fu quindi ceduto a privati e passò in parte all'Ente Maremma, sotto la cui giurisdizione fu ulteriormente frazionato per essere venduto a prezzi agevolati a coloni e contadini.[92]

**2.** **CORRELAZIONI MESSE IN EVIDENZA TRA LE IPOTESI ATTUALI DI UBICAZIONE DEL SITO E LE FONTI TOPOGRAFICHE**

Gli scritti di N. M. Nicolai trovano riscontro topografico con il Catasto Alessandrino e si nota come il quarto di Santa Rufina, da lui citato, attraversato dalla via Boccea, corrisponda alla lettera C del Catasto, che riporta la denominazione di Monti di Santa Rufina (79,2 rubbia). Sul lato sinistro della strada, venendo da Roma, è raffigurato un edificio a pianta rettangolare sormontato da una croce, verosimilmente il casale di Santa Rufina di cui parlava A. Bosio. Nel testo riportato in nota da N. M. Nicolai si faceva riferimento ad una

---

[92] Cf CASTRACANE, *Periodo cristiano della via Cornelia* 95.

cappella presente in questa tenuta che portava appunto il nome di S. Rufina, in memoria della celebre chiesa e dell'antico vescovato, e si affermava, inoltre, che questa tenuta era cinta di mura alla stregua di un castello, che però era quasi del tutto disabitato, ad eccezione del cappellano, del ministro dell'Arciospedale di S. Spirito, a cui questa tenuta apparteneva, e di qualche contadino. In accordo con quanto già riferito dal Cardinal Piazza, che vedeva un piccolo avanzo laterale dell'antica tribuna, con ancora visibile la rappresentazione della scena del martirio delle due sante sorelle, e i resti delle fondamenta della Basilica, insieme alla presenza di rovine di muri, frammenti di marmo, tronchi di statue, frammenti di colonne, basi e capitelli, stipiti di finestre, liminari di porte, cornicioni infranti e pietrame sparsi tra i solchi dei campi, anche N. M. Nicolai affermava che numerose lapidi si trovano sulla porta del castello e nella campagna circostante.

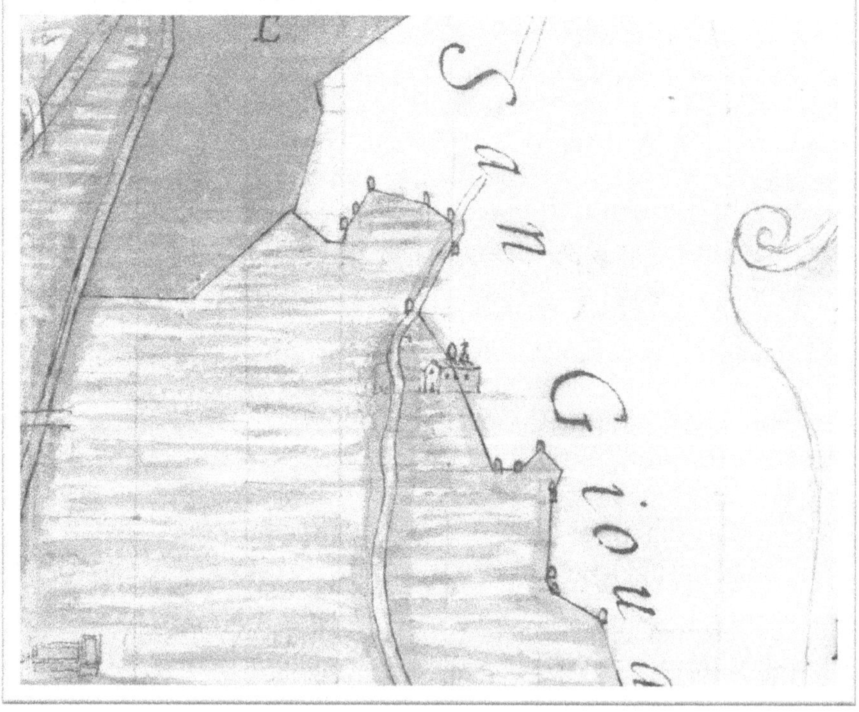

*Fig. 11. Particolare del Catasto Alessandrino*[93]

Ma gli effetti del tempo furono inesorabili in quanto, già agli inizi del XIX secolo, A. Coppi, visitando questo luogo, vide i resti di alcuni edifici,

[93] Catasto Alessandrino, Pianta di Porcareccina.

talmente in rovina che non gli fu possibile avanzare ipotesi su quello che fu il loro utilizzo. H. Stevenson, che alla fine del XIX secolo condusse numerose indagini in questa zona, sottolineò che non scoprì alcuna traccia che si riferisse al sepolcro delle due vergini. Ancora T. Ashby, agli inizi del XX secolo, vide, sul lato sinistro dell'attuale via Boccea, solo poche tracce insignificanti, tra cui pochi mattoni sparsi sul terreno.

È da considerare sbagliata l'identificazione della Basilica delle Sante Rufina e Seconda con le strutture ubicate presso il Casale di Porcareccina, proposta da L. Silli all'inizio del 1900, in quanto egli non tenne conto né della lontananza del sito dal tracciato della via Cornelia antica, né delle indicazioni toponomastiche della zona, né della Carta di Eufrosino della Volpaia che collocava, presso il Casale di Porcareccina, la torre di guardia Lanciafava.

## 3. OSSERVAZIONI CRITICHE SUI RISULTATI EMERSI DALLO SCAVO ARCHEOLOGICO CONDOTTO NEL 1965

Lo scavo archeologico, condotto nel 1965 dalla scuola britannica e dal Pontificio Istituto di Archeologia Cristiana, ha interessato una limitata area di scavo e i dati emersi hanno permesso di datare il pavimento musivo, rinvenuto nell'ambiente di maggior rilievo del complesso, all'VIII-IX.[94] La pubblicazione dei dati di scavo si è avuta solo molti anni più tardi, nel 1991, a cura degli studiosi inglesi, e, nonostante non si possa escludere che questo ambiente fosse legato ad un complesso cultuale, è emerso dagli studi che la sua destinazione d'uso non è affatto certa, in quanto non sono emerse prove indiscutibili che lo identificassero come luogo di culto.[95]

Nella monografia gli autori hanno sottolineato che l'ambiente con il pavimento musivo, interpretato subito dopo la sua scoperta, come chiesa o cappella dedicata alle sante Rufina e Seconda, non presentava sulla superficie del pavimento rotture che potessero corrispondere all'eventuale collocazione di un altare, e il setto murario, nel quale si era tentato di identificare l'attacco dell'abside, appoggiato al lato corto sud-est dell'ambiente, in realtà non presentava traccia alcuna di curvatura. Ancora gli autori hanno sottolineato come la mancanza di fortificazioni attorno a queste strutture di epoca medievale, dimostrasse che l'insediamento non corrispondesse all'episcopio che il vescovo Pietro circondò di mura nel 1028, dopo le invasioni saracene e l'importanza della

---

<sup></sup>

[94] Cf CHRISTIE, *Three South Etrurian Churches* 211-312.

[95] Cf FIOCCHI NICOLAI, *I cimiteri Paleocristiani* 61; MOTTA - UNGARO, *Le Diocesi intorno a Roma* 332; FIOCCHI NICOLAI Vincenzo, *Ricerche sui monumenti paleocristiani del Lazio*, in *Vetera Christianorum* 37(2000)1, 377-380.

sede vescovile di *Silva Candida* non mostrava alcuna relazione con le caratteristiche del sito messo in luce in occasione degli scavi degli anni '60.[96]

In appendice alla monografia della British School, F. Guidobaldi[97] ha scritto una discussione riguardo alla tipologia e alla cronologia del mosaico messo in luce negli scavi degli anni '60, in cui ha asserito che non c'erano criteri sicuri per la datazione del pavimento musivo all'VIII-IX sec, in quanto gli elementi cronologici ricavati durante lo scavo erano pochi e relativi alle aree adiacenti a quelle coperte dal pavimento, dopo la rimozione totale del quale, non sono emersi materiali che avessero fornito elementi riferibili all'epoca altomedievale. Altro criterio di analisi cronologica preso in considerazione dall'autore, è stato l'aspetto stilistico caratterizzato dalla presenza di semplici motivi ottagonali nel centro, dove si riscontrava una maggiore grossolanità di redazione, e motivi romboidali nella cornice. La coesistenza della redazione tradizionale in bianco e nero e quella a tessere marmoree quadrate di grandi dimensioni è, secondo l'autore, testimonianza di un periodo di transizione tra il mosaico tradizionale e il mosaico marmoreo dell'area romana, per cui il pavimento musivo in questione sembra appartenere a tipologie redazionali tardoantiche dell'area romana databile al III secolo avanzato o al IV secolo, quale testimonianza della disgregazione dell'arte musiva pavimentale di tipo tradizionale. Una datazione più tarda, quale ripresa altomedievale della tecnica musiva di età classica, non può comunque essere esclusa, in quanto l'assenza di confronti può essere casuale. Secondo Guidobaldi quindi, la revisione della datazione altomedievale, può aprire ad una nuova interpretazione dell'aula quale parte di una villa o di una fattoria di epoca tardoantica che, in epoca successiva, è divenuta il nucleo dell'insediamento cristiano, ospitando, in questo spazio, l'ambiente per il culto.

Da parte mia, ritengo che sia improbabile l'identificazione di questo ambiente mosaicato con l'antica Basilica delle Sante Rufina e Seconda *in primis* per le dimensioni esigue dell'aula che poco si confanno all'importanza e alla magnificenza della sede vescovile descritta nelle bolle papali. Ritengo più probabile, se vi si voglia riconoscere una destinazione cultuale, identificarvi eventualmente la chiesa che Papa Leone IV (847-855) dedicò ai Santi Cosma e Damiano in *Silva Candida*,[98] come riportato nel *Liber Pontificalis* in cui si legge: "*similiter fecit in ecclesia beatorum martyrum Cosme et Damiani quae in Silva*

---

[96] Cf CHRISTIE, *Three South Etrurian Churches* 309.

[97] Cf GUIDOBALDI Federico, *Il Mosaico. Tipologia e cronologia*, in CHRISTIE Neil, *Three South Etrurian Churches: Santa Cornelia, Santa Rufina and San Liberato*, London, British School at Rome 1991, 309-312.

[98] Cf KEHR, *Italia Pontificia* 24; SCHIAPPARELLI, *Le carte antiche* 297.

*Candida esse videtur";*[99] la datazione proposta infatti dalla scuola britannica per questo edificio all'VIII-IX, troverebbe corrispondenza con questa fonte storica, non direttamente per la cronologia del mosaico che sembrerebbe incerta, quanto per la cronologia delle evidenze immediatamente adiacenti a questo ambiente.

Riguardo alla catacomba V. Fiocchi Nicolai ha sottolineato come lo scarso sfruttamento a sepoltura delle pareti, sulle quali erano visibili larghi spazi di tufo tra un loculo e l'altro, era forse dovuto al fatto che si trattava di una delle gallerie terminali del cimitero, la cui estensione non era nota.[100] A mio avviso però, se la catacomba in questione si trovava in corrispondenza della Basilica che custodiva le reliquie delle Sante Rufina e Seconda, ci si doveva aspettare, qui, uno sfruttamento intensivo degli spazi di tufo tra un loculo e l'altro e non il braccio terminale della catacomba.

Sulla Carta dell'Agro del Comune di Roma, sul lato destro dell'attuale via Boccea, venendo da Roma, nell'area subito a nord-ovest del casale di S. Rufina, sul medesimo pianoro, è segnalata la presenza di altre catacombe, e da testimonianze orali da me raccolte durante interviste sul territorio, sono venuta a conoscenza che una frana, che si aprì nel terreno nella seconda metà del secolo scorso, permise di scorgere un altro tratto di catacomba, all'altezza del civico 981 della via Boccea, sul lato sinistro della strada venendo da Roma.

## 4. NUOVE IPOTESI SULL'UBICAZIONE DELLA BASILICA DELLE SANTE RUFINA E SECONDA

Il Casale e la Torre di Santa Rufina, dei quali si parla sopra nelle fonti storiche, corrispondono all'attuale Casale di Santa Rufina che, sul foglio I.G.M. n. 149 I NE,[101] conserva ancora il toponimo dell'antica sede vescovile. Essi sono ubicati immediatamente a destra dell'attuale via Boccea, al civico 1014 (km 8.800), venendo da Roma. Si trovano esattamente tra il IX e il X miglio della Via Cornelia, punto in cui le fonti antiche ubicavano il luogo del martirio delle sante Rufina e Seconda. V. Fiocchi Nicolai afferma che si debba considerare più corretta l'indicazione topografica del IX miglio della via Cornelia, riportata dalla fonte più antica del Martirologio Geronimiano, invece dell'indicazione del X miglio, perché, dai calcoli da lui condotti, il IX miglio doveva ricadere all'incirca tra il km 7,800 e il km 9,300 della moderna via Boccea, a cui si devono aggiungere i 4 km relativi alla distanza che intercorre tra l'inizio della via Boccea

---

[99] DUCHESNE (a cura di), *Liber Pontificalis* 113, 121.
[100] Cf FIOCCHI NICOLAI, *I cimiteri Paleocristiani* 62-63.
[101] Istituto Geografico Militare, f. 149, I, N.E., Monte Mario.

e l'inizio dell'antica via Cornelia presso Ponte Elio.[102] Inoltre, se si prende in considerazione la distanza tra il santuario di Santa Rufina (che invece lo scavo della British School colloca 300 m prima, al km 8,500 della via Boccea) e il successivo santuario, legato alla memoria martiriale dei santi Mario, Marta, Audifax e Abacuc, ubicato dalle fonti antiche al XII-XIII miglio della via Cornelia antica, individuato presso il casale di Boccea al km 14,300 della moderna via, si ha una distanza tra i due luoghi di culto di circa 4 miglia; questo intervallo coinciderebbe con le fonti antiche solo se si prendesse in considerazione, come esatta, l'indicazione topografica del IX miglio per il santuario di S. Rufina e quella del XIII miglio per il santuario di Mario e Marta.[103]

Ma l'attuale via Boccea in questo tratto di strada probabilmente non ricalca l'antico tratto della via Cornelia.[104] L'antica via, infatti, passava verosimilmente più ad est, nel fondovalle che separa il pianoro del Casale di Santa Rufina dal pianoro del Casale di Porcareccina. Significativa è la presenza presso quest'ultimo della torre di guardia Lanciafava che verosimilmente controllava la via Cornelia antica, che passava nel suddetto fondo valle.[105]

Recenti scavi archeologici hanno riportato alla luce due tratti del tracciato dell'antica via Cornelia. Il primo tratto, ancora inedito, è stato individuato nella proprietà che porta di toponimo Cascina di Sotto, ubicata al civico 912 dell'attuale via Boccea. L'asse stradale basolato, subito a nord del fosso Galera, presenta un orientamento se-no e si dirige verso il fondovalle che separa i pianori, costeggiando il fosso di Prato Rotondo. Parte del tratto di basolato in questione è ancora visibile perché il proprietario della tenuta, l'Architetto Alfredo Pianella, ha chiesto alla Soprintendenza che l'area di scavo rimanesse aperta.[106]

---

[102] Cf COARELLI Filippo, *Roma*, Roma-Bari, Laterza Editori 1980, 17, 342, 359.

[103] Cf FIOCCHI NICOLAI, *I cimiteri Paleocristiani* 61.

[104] Ne sono conferma le recenti attività di scavo, ancora in corso, per la posa di sotto-servizi Italgas, sulla via Boccea, iniziate a fine agosto 2018, che nel tratto compreso tra i civici 912 e 1034 non hanno riscontrato presenza alcuna del tracciano della via Cornelia antica.

[105] L'ubicazione delle torri semaforiche di guardia, che spesso ha sfruttato come direttrici gli antichi tracciati delle strade romane, fornisce importanti indizi che permettono di ricostruire il tracciato di strade scomparse. Cf LIBERATI, *L'antica Via Cornelia* 36.

[106] Ministero per i Beni e le Attività Culturali - SSABAP - RM: faldone protocollo n. 6169 del 12 luglio 2005; faldone protocollo n. 6913 del 21 aprile 2006.

*Fig. 12. Tratto di strada basolata messa in luce presso il casale Cascina di Sotto*

Il secondo tratto è stato individuato immediatamente a sud della via Boccea, in corrispondenza dell'incrocio con via Carezzano, in occasione di differenti lavori di manutenzione stradale e di posa di sotto-servizi effettuati negli anni 2000, 2001 e 2009. Queste indagini hanno messo in luce più tratti continuativi della via Cornelia che presentano un orientamento e-o, tra cui un tratto lungo 90 m circa.[107]

---

[107] DE SANTIS Anna - TREGLIA Annalisa - LAMONACA Federica, *La sistematizzazione dei dati del XIII Municipio Ovest (già XVIII Ovest): prospettive di ricerca*, in *Archeologia e Calcolatori,* Supplemento 7 (2015), 357-368.

*Fig. 13. Tratto di strada basolata messa in luce presso l'incrocio di via Boccea con via Carezzano[108]*

Nel corso di una ricognizione che ho condotto sul posto, in corrispondenza del pianoro su cui è ubicato l'attuale Casale di Santa Rufina, ho potuto appurare, dalle testimonianze di persone del luogo, che fino a qualche decennio fa era visibile e praticabile un tratto di tagliata stradale nel banco di tufo che dal fondovalle suddetto risaliva verso l'attuale corso della moderna via Boccea dove, qualche metro più avanti, è stato rinvenuto il secondo tratto di strada basolata, a cui accennavo poc'anzi. Ora la tagliata non è più visibile perché l'attuale proprietario della tenuta ha eseguito un riporto di terra per appianare il terreno. Da lì sotto partiva inoltre una ripida stradina che saliva in alto verso il pianoro su ci si trovano i casali, l'accesso è ancora percorribile, ma anche qui la morfologia originaria del pendio è stata stravolta dai medesimi riporti di terra. La

---

[108] *L. cit.*

parete di tufo, in questo punto del fondovalle, risulta essere molta ripida e rispetto al pianoro soprastante c'è un notevole salto di quota che costituiva già di per sé, su questo lato del pianoro, una difesa naturale da eventuali incursioni.

Nel tratto compreso tra l'ubicazione della tagliata nel banco di tufo e la stradina che saliva al pianoro è ancora presente, sulla parete del banco di tufo, l'accesso ad un ambiente ipogeo ricavato nel banco stesso.

*Fig. 14. Accesso ad un ambiente ipogeo ricavato nel banco presso il Casale di Santa Rufina*

L'ingresso esterno, allo stato attuale, presenta una sistemazione in muratura realizzata con laterizi e blocchi di tufo di reimpiego. L'interno presenta un ambiente pavimentato con sampietrini, con una serie di nicchie laterali. Sul fondo è presente una sorgente d'acqua e, in corrispondenza di questa, parte uno sfiatatoio che raggiunge la sommità del pianoro soprastante, dove si trova una piccola struttura in muratura. È noto come, nel corso dei secoli, gallerie che percorrevano il sottosuolo abbiano cambiato destinazione d'uso perdendo la funzione primitiva per la quale erano state realizzate, per cui canali di drenaggio e ninfei pagani sono stati adibiti a luogo di sepoltura, e poi ancora trasformati in cantine per la stagionatura di formaggi e fungaie che utilizzavano le imboccature dei primitivi pozzi e le antiche prese d'aria come sfiatatoi.[109]

*Fig. 15. Interno dell'ambiente ipogeo ricavato nel banco di tufo presso il Casale di Santa Rufina*

Se quindi l'antica via Cornelia passava nel fondovalle, l'attuale Casale di S. Rufina si troverebbe a destra dell'antico tracciato viario trovando corrispondenza con quanto indicato sia nella carta topografica della campagna romana del 1547 di Eufrosino della Volpaia[110] che disegnò i resti della Basilica, ancora visibili nel XVI secolo, con accanto una torre di guardia,[111] a sinistra della via Cornelia venendo da Roma, sia con il Catasto Alessandrino[112] del 1660 che raffigura nella tenuta di Porcareccina, sui Monti di Santa Rufina, un edificio a pianta rettangolare, sormontato da una croce, che corrisponde al casale di Santa Rufina, sul lato sinistro della strada, venendo da Roma.

L'attuale complesso del Casale di S. Rufina si compone di due imponenti edifici con contrafforti orientati con andamento so-ne (nell'attuale

---

[109] Cf CASTRACANE, *Periodo cristiano della via Cornelia* 87.

[110] Cf FRUTAZ, XIII Ie, tav. 29.

[111] Cf DE ROSSI, *Torri Medievali* 170-171.

[112] Cf Catasto Alessandrino, Pianta di Porcareccina.

proprietà Paris), e di un edificio con contrafforti orientato con andamento o-e (nell'attuale proprietà Manili); tale complesso corrisponderebbe, quindi, con quello composto del casale e della torre di guardia che nel 1472 Giovanni Battista Golini cedette all'Ospedale di Santo Spirito.[113] Fino alla seconda metà del secolo scorso, il Casale di S. Rufina (nell'attuale proprietà Paris) ha ospitato una cappella dedicata a S. Rufina, in ricordo dell'antica Basilica. Attualmente la cappellina è stata dismessa e lo spazio da essa occupato è ora destinato ad uso abitativo. La campana della cappellina è tutt'ora conservata dall'Architetto Pianella nella limitrofa proprietà denominata Cascina di Sotto.

*Fig. 16. Campana della cappellina di Santa Rufina*

---

[113] Cf DE ROSSI, *Torri Medievali* 170-171.

*Fig. 17. Particolare della campana della cappellina di Santa Rufina*

Passeggiando sul pianoro sono, inoltre, ancora visibili frammenti di marmo a memoria delle vestigia che un tempo si stagliavano in questo luogo.

Ulteriori indagini, da me condotte, presso l'Aerofototeca di Stato, hanno portato all'individuazione di 6 fotografie aeree in cui sono visibili tracce archeologiche, di una certa rilevanza, in corrispondenza del pianoro in questione su cui si trova il complesso del Casale di Santa Rufina, e di cui non si è tenuto conto nelle ricerche condotte in precedenza:

- Rilevamento AM del 9 dicembre1942 foglio 149 strisciata 8 fotogramma 81_39489_0
- Rilevamento 92 RAF del 1943 foglio 149 strisciata 545 fotogramma 4034_173073_0
- Rilevamento VB del 18 settembre1954 foglio 149 strisciata 28 fotogramma 1176_24161_0
- Rilevamento AM foglio 149 strisciata 2 fotogramma 44_0_0
- Rilevamento SAF del dicembre 1961 foglio 149 strisciata 7 fotogramma 6729_23563_0
- Rilevamento SIAT del 1973 foglio 149 strisciata 19 fotogramma 2035_57912_0

Lo studio aero-topografico di fotointerpretazione ha permesso di individuare tracce di materiale archeologico presente nel sottosuolo. Gli indicatori di presenza che sono emersi in queste fotografe aeree sono la diversità nella crescita della vegetazione e le anomalie del rilievo messe in risalto dalla presenza della luce radente del sole al momento dello scatto delle fotografie.

Da queste fotografie aeree è emersa, in corrispondenza della parte nord occidentale del pianoro, la traccia di due grandi strutture a pianta rettangolare, con orientamento no-se, delle dimensioni di 40x15 m per l'edificio di sinistra, al centro del quale si trova lo sfiatatotio dell'ambiente ipogeo sottostante, e di 40x20 m per l'edificio di destra (vedi immagine n. 18).

Dal particolare del rilevamento 92 RAF del 1943 foglio 149 strisciata 545 fotogramma 4034_173073_0, in corrispondenza della parte nord orientale del pianoro, è emersa inoltre la traccia di una grande struttura a pianta rettangolare, con orientamento n-s, delle dimensioni di 23x11 m, che presenta una forma absidata in corrispondenza del lato corto nord della struttura. Ancora in questo fotogramma, sempre in corrispondenza della parte nord orientale del pianoro, è presente la traccia, non meglio definibile, di due tratti di muratura che si dipartono dal casale posto più a nord del pianoro, uno con andamento no-se, delle dimensioni di 20 m di lunghezza per 1.50 di larghezza, e l'altro, con andamento curvilineo in direzione ne-so, delle dimensioni di 28 m di lunghezza per 1.5 m di larghezza.

Non si riscontra traccia alcuna, invece, in corrispondenza del sito scavato dagli inglesi, è probabile che l'abbandono qui fu più precoce, già in seguito alle scorrerie saracene del 876 d.C. Se, come sopra ipotizzato, si vuole riconoscere nell'edificio mosaicato la chiesa dedicata da papa Leone IV (847-855) ai Santi Cosma e Damiano, è verosimile che, trovandosi al di fuori centro abitato, ebbe vita breve, e che questi edifici, meno imponenti degli altri, furono soggetti a maggior degrado.

Vista l'entità delle evidenze in traccia, visibili presso i Casali di S. Rufina, è verosimile supporre che si possa trattare dei resti delle strutture del borgo di *Silva Candida* di cui tra il XVII e il XIX secolo erano ancora visibili i resti dell'alzato. Si può ipotizzare, inoltre, di riconoscere nell'edifico absidato a pianta rettangolare un edificio di culto identificabile con la Basilica delle sante Rufina e Seconda di cui, alla fine del XVII ed inizi del XVIII secolo, il Piazza vedeva ancora un piccolo avanzo laterale dell'antica tribuna e i resti delle fondamenta, che ne testimoniavano la magnificenza e grandezza di un tempo.

Lo studio delle fotografie aeree è stato accompagnato dalla ricognizione diretta sul territorio che, però, non ha fornito riscontro di quanto individuato in foto. Infatti il pianoro e le pendici circostanti hanno subito stravolgimenti di una certa entità, rispetto alla morfologia originaria presente sulle foto scattate a partire dagli anni '40 del secolo scorso. L'attuale proprietario ha affermato che il terreno presentava caratteristiche non favorevoli alla coltivazione a causa della presenza di pietrame e rovi, per cui, di sua iniziativa, ha riportato all'incirca un metro di terreno vegetale sulla superfice del pianoro e a ridosso delle pendici.

La sovrapposizione di questi rilevamenti fotografici dell'Aerofototeca di Stato, uniti alle evidenze della Carta dell'Agro, ai dati degli scavi archeologici e alle ricognizioni dirette sul territorio, ha permesso di realizzare una planimetria con il posizionamento generale di tutte le evidenze dell'area in questione. Da ciò si evince, ancora più chiaramente, la concentrazione di evidenze archeologiche di una certa rilevanza, in traccia e non, proprio in corrispondenza del pianoro su cui sorgono i Casali di Santa Rufina, il cui toponimo, nonostante il trascorrere del tempo, fa ancora memoria delle vestigia dell'antica Basilica che un tempo doveva verosimilmente sorgere su questo luogo. In corrispondenza di questo pianoro, alle tracce archeologiche si sommano la rete di catacombe segnalate nella Carta dell'Agro sul lato nord occidentale del pianoro stesso; ancora qui, un tempo, attraverso l'antica tagliata stradale, che oggi non è più visibile perché interrata, l'antico tracciato della via Cornelia scendeva nel fondovalle in direzione dell'Urbe, lasciando immediatamente ad ovest del suo tracciato la sede della Diocesi Suburbicaria di *Silva Candida,* come attestato anche nella cartografia storica.

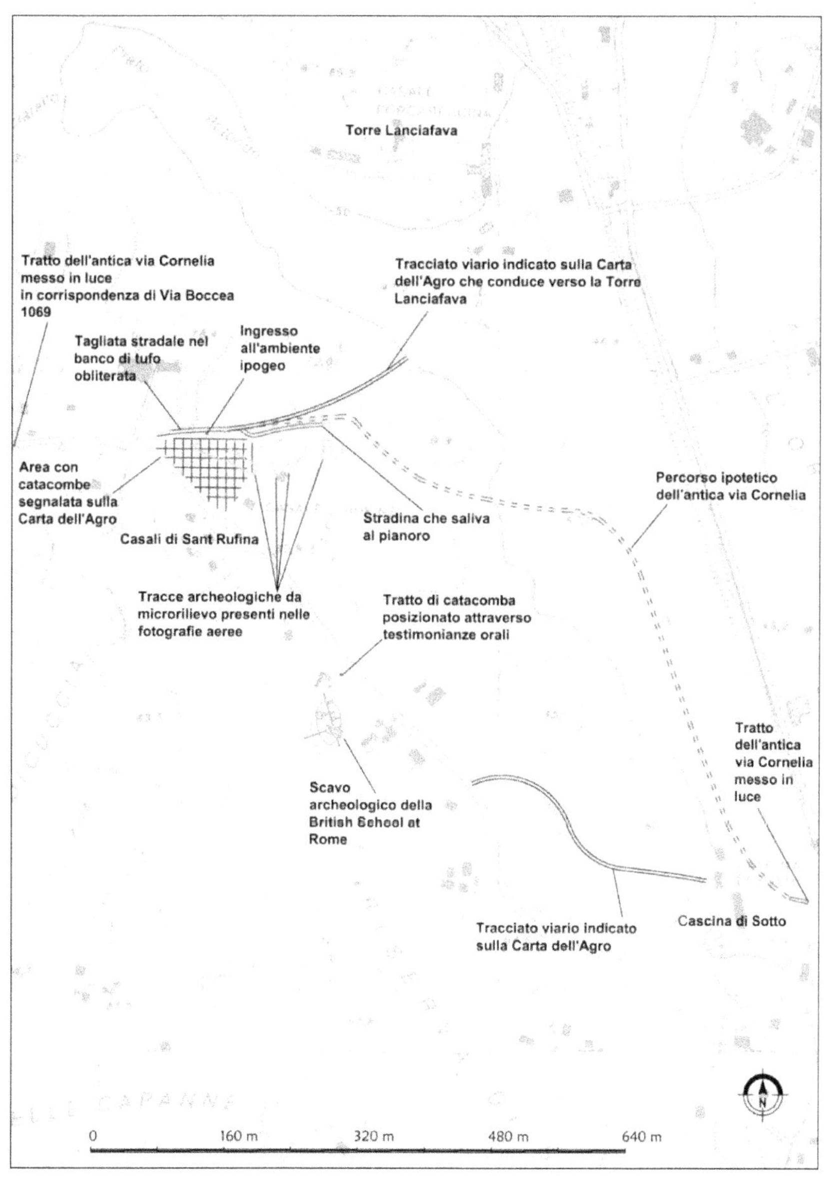


Fig. 18. Posizionamento delle evidenze su CTR Lazio foglio n. 374050

CONCLUSIONE

# CONCLUSIONE

La discussione condotta nell'ambito di questa attività di studio e di ricerca scientifica, ha portato ad analizzare, con dovizia critica, le problematiche emerse circa l'ubicazione dell'antica Basilica delle Sante Rufina e Seconda.

Sulla base delle fonti storiografiche, cartografiche ed archeologiche, raccolte e prese in esame è stato possibile giungere ad una nuova ipotesi.

La Basilica sorgeva, verosimilmente, infatti in corrispondenza dell'attuale pianoro su cui si trovano i Casali di S. Rufina, ubicati immediatamente a destra dell'attuale via Boccea, al civico 1014 (km 8.800), venendo da Roma, che, come riporta la fonte più antica del Martirologio Geronimiano, corrisponde al IX miglio dell'antica via Cornelia.

Tale luogo, inoltre, nel toponimo di "S. Rufina", conserva ancora intatta la memoria storica delle vestigia che un tempo sorgevano in questo luogo.

Gli elementi di carattere topografico che hanno avvalorato la nuova ipotesi hanno bisogno di trovare conferma attraverso indagini di scavo archeologico.

Si auspica quindi la possibilità di dare spazio a nuove campagne di scavo esplorativo affinché questo luogo diventi oggetto d'interesse e di tutele da parte Soprintendenza Speciale Archeologia Belle Arti e Paesaggio di Roma, e affinché le vestigia tanto venerate nell'antichità e meta del pellegrinaggio, sorte sul luogo che ha visto il martirio delle Sante sorelle Rufina e Seconda, possano essere riportate alla luce e tornare ad essere oggetto di venerazione e oggetto di interesse storico-religioso, in particolare, per la Diocesi di Porto Santa Rufina che proprio qui affonda le radici delle sue origini.

# BIBLIOGRAFIA


## FONTI[114]

**Fonti edite**

TITO LIVIO, *Ab Urbe condita libri*, I, 33, Milano, BUR-Rizzoli 1982.

*Acta Sanctorum,* IULII, III, Parisiis et Romae 1747.

*Bibliotheca Hagiographica Latina antiquae et mediae aetatis*, II, Bruxelles, [s.e.] 1898-1901.

QUENTIN Henri - DELEHAYE Hippolyte (a cura di), *Martirologium Hieronymianum,* in Acta Sanctorum, I, II, *Novembris*, Bruxelles, [s.e.] 1931.

DUCHESNE Louis (a cura di), *Liber Pontificalis,* I, Parigi, Éditions E. De Boccard 1981.


**Fonti inedite**

Archivio Centrale di Stato (Piazzale degli Archivi, 27 – 00144 Roma)

Ministero della Pubblica Istruzione, Dir. Gen. AA. BB. AA.:

- Divisione I, 1908-1924, busta 955
- Divisione II, 1952-1960, busta 69

Ministero per i Beni e le Attività Culturali (Piazza dei Cinquecento, 67 – 00185 Roma)

Soprintendenza Speciale Archeologia Belle Arti e Paesaggio di Roma:

- Faldone protocollo n. 6169 del 12 luglio 2005
- Faldone protocollo n. 6913 del 21 aprile 2006

Archivio dell'Aerofototeca di Stato (Via di San Michele, 18 – 00153 Roma):

- Rilevamento AM del 9 dicembre1942 foglio 149 strisciata 8 fotogramma 81_39489_0


---

[114] Le fonti e gli studi sono indicati in ordine cronologico.

- Rilevamento 92 RAF del 1943 foglio 149 strisciata 545 fotogramma 4034_173073_0

- Rilevamento VB del 18 settembre1954 foglio 149 strisciata 28 fotogramma 1176_24161_0

- Rilevamento AM foglio 149 strisciata 2 fotogramma 44_0_0

- Rilevamento SAF del dicembre 1961 foglio 149 strisciata 7 fotogramma 6729_23563_0

- Rilevamento SIAT del 1973 foglio 149 strisciata 19 fotogramma 2035_57912_0



**STUDI**

SURIO Lorenzo, *De probatis Sanctorum historiis ab Al. Lipomano olim conscriptis nunc primum a Laur. Surio emendatis et auctis,* Cologne, [s.e.] 1576.

GALLONIO Antonio, *Historia delle Sante Vergini Romane*, Roma, Ruffinelli 1591.

SAULNIER Pietro, *De Capite Sacri Ordinis Sancti Spiritus dissertatio*, Roma, Guillelmum Barbier Typographum Regium 1649.

LABBÉ Philip - COSSARTI Gabriel, *Sacrosancta Concilia*, IX, Societatis Typographicae Librorum Ecclesiasticorum iussu Regis constitutae 1671.

PIAZZA Carlo Bartolomeo, *La gerarchia cardinalizia,* Roma, Stamparia del Bernabò 1703.

BOSIO Antonio, *Roma sotterranea,* Roma, Ludovico Grignani 1710.

UGHELLI Ferdinando, *Italia Sacra,* I, Venezia, Sebastianum Coleti 1717.

MURATORI Ludovico Antonio, *Rerum Italicarum Scriptore*, III, Mediolani ex Typographia Societatis Palatinae in Regia Curia 1723.

NICOLAI Nicola Maria, *Memorie, leggi ed osservazioni sulle campagne e sull'annona di Roma*, Roma, Stamperia Pagliarini 1803.

MARINI Gaetano, *I papiri diplomatici,* Roma, Stamperia della Sacra Congregazione de Propaganda Fide 1805.

COPPI Antonio, *Dissertazioni della Pontificia Accademia Romana di Archeologia,* VII, Roma, Tipografia della R. C. A. 1836.

CAPPELLETTI Giuseppe, *Le chiese d'Italia dalla loro origine sino ai nostri giorni*, I, Venezia, Giuseppe Antonelli 1844.

NIBBY Antonio, *Analisi Storico-topografico-antiquaria della carta de' dintorni di Roma*, III, Roma, Tipografia delle Belle Arti 1849.

MORONI Gaetano, *Dizionario di erudizione storico-ecclesiastica*, LIV, Roma, Tipografia Emiliana 1852.

STEVENSON Henry, *Die Suburbicarischen Coemeterien Katakomben*, in KRAUS Franz Xavier (a cura di), *Real-Encyklopädie Christlichen Alterhümer*, Freiburg Im Breisgau, Herder'sche Verlagshandlung 1886, 127-128.

DUCHESNE Louis, *Le sedi episcopali nell'antico ducato di Roma*, in *Archivio della Società romana di Storia Patria* 15(1892)III-IV, 484-485.

ARMELLINI Mariano, *Gli antichi cimiteri Cristiani di Roma e d'Italia*, Roma, Tipografia Poliglotta della Sacra Congregazione de Propaganda Fide 1893.

SCHIAPPARELLI Luigi, *Le carte antiche dell'archivio capitolare di S. Pietro in Vaticano*, in *Archivio della Società romana di Storia Patria* 25(1902)II, 297.

GRISAR Hartmann, *I Vescovi di campagna nell'antichità cristiana*, in *La Civiltà Cattolica* 55(1904)IV, 203-218.

KEHR Paul Fridolin, *Regesta pontificum romanorum, Italia Pontificia, Latium*, II Berlino, Weidmannos 1907.

AUVRAY Lucien, *Les registres de Grégoire IX*, II, Paris, Alberto Fontemoing Éditeur 1907.

MOMBRITIUS Boninus, *Sanctuarium seu vitae sactorum*, II, Parigi, Fontemoing et Socios Editores 1910.

SILLI Leopoldo, *La Via Cornelia*, I, in ID., *Le memorie cristiane della campagna romana*, Roma, Tipografia Editrice Moderna 1910.

ASHBY Thomas, *La Campagna Romana al tempo di Paolo III*, Roma, Danesi Editore 1914.

KIRSCH Johann Peter, *Le memorie dei martiri sulle Vie Aurelia e Cornelia* = Studi e Testi 38, Faenza, Stabilimento Grafico F. Lega 1924, 64 e 91-96.

HULSËN Christian, *Le chiese di Roma nel medioevo*, Firenze, Leo S. Olschki 1927.

LANZONI Francesco, *Le diocesi d'Italia dalle origini al principio del secolo VII* (a. 604) = Studi e Testi 35, Faenza, Stabilimento Grafico F. Lega 1927, 506-509.

ARMELLINI Mariano, *Le chiese di Roma dal secolo IV al XIX*, II, Roma, Edizioni R.O.R.E. di Nicola Ruffolo 1942.

VALENTINI Roberto - ZUCCHETTI Giuseppe, *Codice Topografico della città di Roma*, II, III, Roma, Tipografia dello Stato 1942.

MASSIMI Andrea, *Le Sante Rufina e Seconda e la Basilica di Selva Candida*, in AA. VV. (a cura di), *Raccolta di scritti intorno alle Sante Rufina e Seconda e all'antica Basilica di Selva Candida*, Roma, Fratelli Palombi 1963, 11-14.

TESTINI Pasquale, *Le catacombe e gli antichi cimiteri cristiani in Roma*, Bologna, Cappelli Editore 1966.

CIGNITTI B., *Rufina e Seconda, sante martiri di Roma*, in *Biblioteca Sanctorum*, XI, Roma, [s.e.] 1968, 460-463.

QUILICI Lorenzo, *Inventario e localizzazione dei beni culturali e archeologici nel territorio del Comune di Roma*, in *Urbanistica* 54-55(1969), schede n. 326 e 2238.

MOTTA Rossella - UNGARO Lucrezia (a cura di), *Le Diocesi intorno a Roma: il caso di Silva Candida*. Atti del IV Congresso Nazionale di Archeologia Cristiana, Pesaro-Ancona, 19-23 settembre 1983, I, Firenze, La Nuova Italia Editrice 1986, 327-336.

AMORE Agostino, *I martiri di Roma*, Roma, Edizione Antonianum 1975.

TOMASSETTI Giuseppe, *La campagna romana. Antica, medievale e moderna*, II, Roma, Banco di Roma 1975.

IEZZI Ernesto, *Studio storico e del monastero delle SS. Rufina e Seconda*, Roma, [s.e.] 1980.

COARELLI Filippo, *Roma*, Roma-Bari, Laterza Editori 1980.

UNGARO Lucrezia, *Ricerche sulla topografia alto-medievale del territorio di Galeria*, in *Quaderni del centro di studio per l'archeologia etrusco-italica* 4(1980), 214-218.

DE ROSSI Giovanni Battista, *Torri Medievali della Campagna Romana*, Roma, Newton Compton Editori 1981.

ARENA TADDEI Maria Stella, *Il Museo dell'Alto Medioevo. Breve guida alle Collezioni,* Roma, Tipografia Centenari 1981.

CASTRACANE Marco, *Periodo cristiano della via Cornelia,* in AA. VV., *Il suburbio di Roma tra le vie Aurelia e Cornelia,* Comune di Roma, XVIII Circoscrizione, Gruppo Archeologico Romano 1987, 87-96.

LIBERATI Anna Maria, *L'antica Via Cornelia e il territorio,* in AA. VV. (a cura di), *Il Suburbio di Roma tra le Vie Aurelia e Cornelia,* Comune di Roma, XVIII Circoscrizione, Gruppo Archeologico Romano 1987, 35-47.

STANCO Enrico - GAZZETTI Gianfranco, *Contributi per una carta archeologica circoscrizionale,* in AA. VV. (a cura di), *Il Suburbio di Roma tra le Vie Aurelia e Cornelia,* Comune di Roma, XVIII Circoscrizione, Gruppo Archeologico Romano 1987, 15-34.

FIOCCHI NICOLAI Vincenzo, *I cimiteri Paleocristiano del Lazio,* I, Città del Vaticano, Pontificio Istituto di Archeologia Cristiana 1988.

CHIABÒ Maria, *Diocesi di Porto - S. Rufina,* in CHIABÒ Maria, RANIERI Concetta - ROBERTI Luciana (a cura di), *Le Diocesi Suburbicarie nelle "visitae ad limina" dell'Archivio Segreto Vaticano,* Città del Vaticano, Archivio Vaticano 1988, 95-156.

ZIMMERMANN Harald, *Papsturkunden 896-1046,* Vienna, Verlag der Österreichischen Akademie der Wissenschaften 1989.

CHRISTIE Neil, *Three South Etrurian Churches: Santa Cornelia, Santa Rufina and San Liberato,* London, British School at Rome 1991.

LOMBARDI Ferruccio, *Roma, Le chiese scomparse. La memoria storica della città,* Roma, Palombi Editori 1996.

FIOCCHI NICOLAI Vincenzo, *Ricerche sui monumenti paleocristiani del Lazio,* in *Vetera Christianorum* 37(2000)1, 353-390.

DE MINICIS Elisabetta, *Monumenti e presenza della trasformazione cristiana,* in SOMMELLA Paolo (a cura di), *Atlante del Lazio antico, un approfondimento critico delle conoscenze archeologiche,* Roma, Istituto Nazionale di Studi Romani 2003, 181-209.

DE FRANCESCO Daniela, *Le proprietà fondiarie nel Lazio. Secoli IV-VIII: storia e topografia,* Roma, Quasar 2004.

MARCHI Maria Luisa, *Ricostruzione storico topografica dell'area,* in MARCHI Maria Luisa - CATALLI Fiorenzo (a cura di), *Suburbio di Roma. Una residenza produttiva lungo la via Cornelia,* Bari, Edipuglia 2008, 11-25.

MASTRORILLI Daria, *Sante Rufina e Seconda,* in BOESCH GAJANO Sofia et alii (a cura di), *Santuari d'Italia. Roma,* Roma, De Luca Editori d'Arte 2012, 443-444.

DE SANTIS Anna - TREGLIA Annalisa - LAMONACA Federica, *La sistematizzazione dei dati del XIII Municipio Ovest (già XVIII Ovest): prospettive di ricerca,* in *Archeologia e Calcolatori,* Supplemento 7 (2015), 353-364.


## BASI CARTOGRAFICHE

DELLA VOLPAIA Eufrosino, f. 5 zona della Trasteverina e Roma (1547), in FRUTAZ Piero Amato (a cura di), *Le carte del Lazio,* II, Roma, Istituto di Studi Romani 1972, XIII Ie, tav. 29.

Catasto Alessandrino (1660-1661), carta 433/58 Pianta di Porcareccina, in http://www.cflr.beniculturali.it/Alessandrino/alessandrino.php?lar=1093 &alt=614 (25-08-2018).

CINGOLANI Giovanni Battista, foglio 5 (1692), in FRUTAZ Piero Amato (a cura di), *Le carte del Lazio,* II, Roma, Istituto di Studi Romani 1972, XXXII Ie, tav. 164.

AA. VV., *Carta storica archeologica monumentale e paesistica del suburbio dell'agro romano,* Comune di Roma, Ripartizione 10, Antichità e Belle Arti, 1988, f. 13N.

Istituto Geografico Militare, f. 149, I, N.E., Monte Mario.

CTR Lazio foglio n. 374050